Deutsch konkret

A German Course for Young People in 3 volumes

Textbook 1

Gerd Neuner, Peter Desmarets, Hermann Funk, Michael Krüger, Theo Scherling

LANGENSCHEIDT
NEW YORK

Deutsch konkret

A German Course for Young People
in 3 volumes

Textbook 1

by

Gerd Neuner, Peter Desmarets, Hermann Funk, Michael Krüger and Theo Scherling

in co-operation with

Volker Leitzbach and Bjarne Geiges (photography)

Wolf Dieter Ortmann (phonetics)

Drawings and layout: Theo Scherling

Cover design: Bjarne Geiges and Theo Scherling

Editorial Work: Gernot Häublein

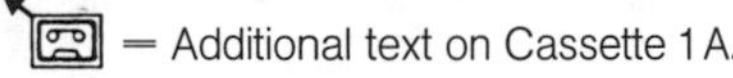

Printed in Germany · ISBN 0-88729-754-3

Inhaltsverzeichnis

Quellennachweis für Texte und Abbildungen

Bavaria-Verlag, Gauting b. München: Gaiser (S. 21/o.l.), Holder (S. 21/o.r.)
Deutsche Bundesbahn (S. 70, 86, 91)
Frankfurter Societäts-Druckerei GmbH, Frankfurt am Main (S. 56, 64) Texte aus: Scala-Jugendmagazin, Sonderheft 2/81, S. 20 u. 28 und aus Heft 5/80
Funk, Hermann (S. 88/o.) Foto
Geiges, Bjarne (S. 7, 18/m., 21/u., 48, 50/m., 51/m., 60) Fotos
Kassel, Magistrat der Stadt, Amt für Wirtschaftsförderung und Fremdenverkehr (S. 71) Stadtplan
Leitzbach, Volker (S. 8, 9, 12, 13, 18/r. u., 20, 30, 36, 37, 44, 47, 50/o., 51/o., 56, 58, 64, 77, 78, 88/m., 89, 92) Fotos
Medit-Verlag GmbH, München (S. 136) Text 8 aus: Magazin Mädchen, 9/82, S. 38
Morez (S. 19) Bildgeschichte "Tauchen"
Neuner, Gerd (S. 93) Fotos
Polyglott-Verlag, München (S. 7, 21, 84, 85) Kartenskizzen
Schöning & Co. + Gebrüder Schmidt GmbH. & Co., Lübeck (S. 32) Postkarte Ronshausen
Verlag "pläne" GmbH, Braunschweiger Str. 20, 4600 Dortmund (S. 49) Lieder aus: Liederspatz, Ein Lieder-Lese-Buch von Fredrik Vahle

Wir danken allen, die uns durch Genehmigung zum Abdruck, zur Wiedergabe auf Tonträgern oder auf andere Weise freundlich unterstützt haben.

In diesen Ländern spricht man Deutsch: Bundesrepublik Deutschland (D) – Deutsche Demokratische Republik (DDR) – Österreich (A) – Schweiz (CH)

1 Klasse 7A, Goethe-Schule

Guten Tag!	– Hallo!	Wer ist das?	– (Das ist) Herr Bieler.
Wie heißt du?	– (Ich heiße) Monika.		(Das sind) Emine und Karl.
Woher kommst du?	– (Ich komme) aus Kassel.	Wo wohnen sie?	– (Sie wohnen) auch in Kassel.
Wo wohnst du?	– (Ich wohne) in Kassel.	Wie alt sind sie?	– Emine ist vierzehn, Karl auch.
Wie alt bist du?	– (Ich bin) dreizehn.		

	Das ist mein Freund.
Wie heißt dein Freund?	– (Mein Freund heißt) Klaus.
Wie heißt deine Freundin?	– (Meine Freundin heißt) Astrid.
Wie heißt deine Lehrerin?	– Frau Steger ist die Klassenlehrerin.
Wie heißt dein Lehrer?	– (Mein Lehrer heißt) Hans Bieler.

Ü1 Aussprache

Deutsche Mädchennamen:

Astrid
Monika
Eva
Carola
Susanne
Christine
Sabine
Karin
Katja
Stefanie
Sonja

Deutsche Jungennamen:

Stefan
Martin
Peter
Christian
Andreas
Klaus
Uwe
Karl

Deutsche Familiennamen:

Meier
Müller
Schmidt
Schulz
Bieler
Steger
Eder

Ü2 Intonation

Wie heißt du? – Ich heiße Martina.
Woher kommst du? – Aus Deutschland.
Ich komme aus Deutschland.
Ich komme aus Holland.
Wie alt bist du? – Vierzehn.
Ich bin vierzehn. Und du?
Wer ist das? – Klaus.
Das ist Klaus.
Das ist Klaus Schmidt.
Wo wohnt er? – In Kassel.
Er wohnt in Kassel.
Und Emine? – Auch in Kassel.
Sie wohnt auch in Kassel.

Ü3 Wie heißt du?

Woher kommt Klaus? Er kommt aus Deutschland.

Wie Woher Wo Wer	wohn- heiß- komm- **(sein)**	**en** **t** **st**	Beatrix? Klaus? Stefan und Susanne? du? er? sie? aus Deutschland? in Kassel?

Ich Du Er/Sie Sie	komm- wohn- heiß- **(sein)**	**st** **e** **en** **t**	aus Deutschland. in Kassel. Sabine. Stefan. .....

Zählen und Rechnen auf deutsch

2

0 null	
1 eins	11 elf
2 zwei	12 zwölf
3 drei	13 dreizehn
4 vier	14 vierzehn
5 fünf	15 fünfzehn
6 sechs	16 sechzehn
7 sieben	17 siebzehn
8 acht	18 achtzehn
9 neun	19 neunzehn
10 zehn	20 zwanzig

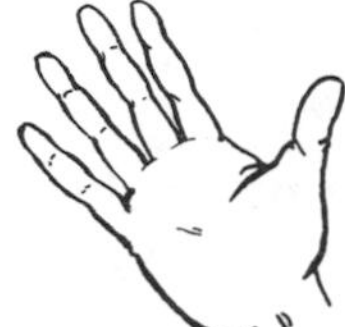

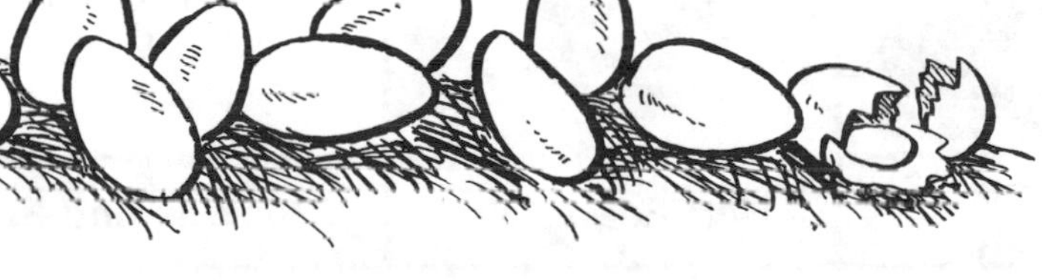

Wie viele? – Eins, zwei, ..., neun, ..., dreizehn, ..., zwanzig.

Wieviel ist	drei plus acht? (3 + 8)	–	Elf. (11)
	vier minus zwei? (4 – 2)	–	Zwei. (2)
	sieben mal zwei? (7 × 2)	–	Vierzehn. (14)
	fünfzehn geteilt durch drei? (15 : 3)	–	Fünf. (5)

Ü4

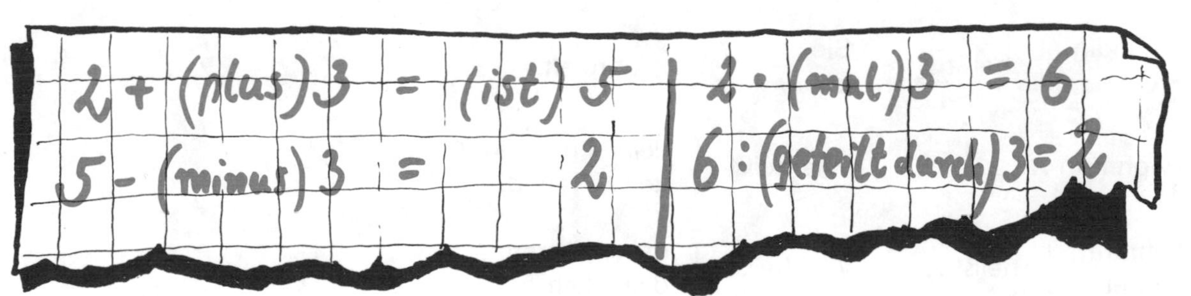

Ü5 Wie heißt du?

C1,2

1. Wie heißt **du?** – Ich heiße ...... Und du?
2. Wie alt bist **du?** – Ich bin ...... Und du?
3. Woher kommst **du?** – Aus ...... / Ich komme aus...... Und du?
4. Wo wohnst **du?** – In ...... / Ich wohne in ...... Und du?
5. Wer ist **das?** – Das ist ...... Und wer ist das?

Ü6 Wer ist das?

C1,2

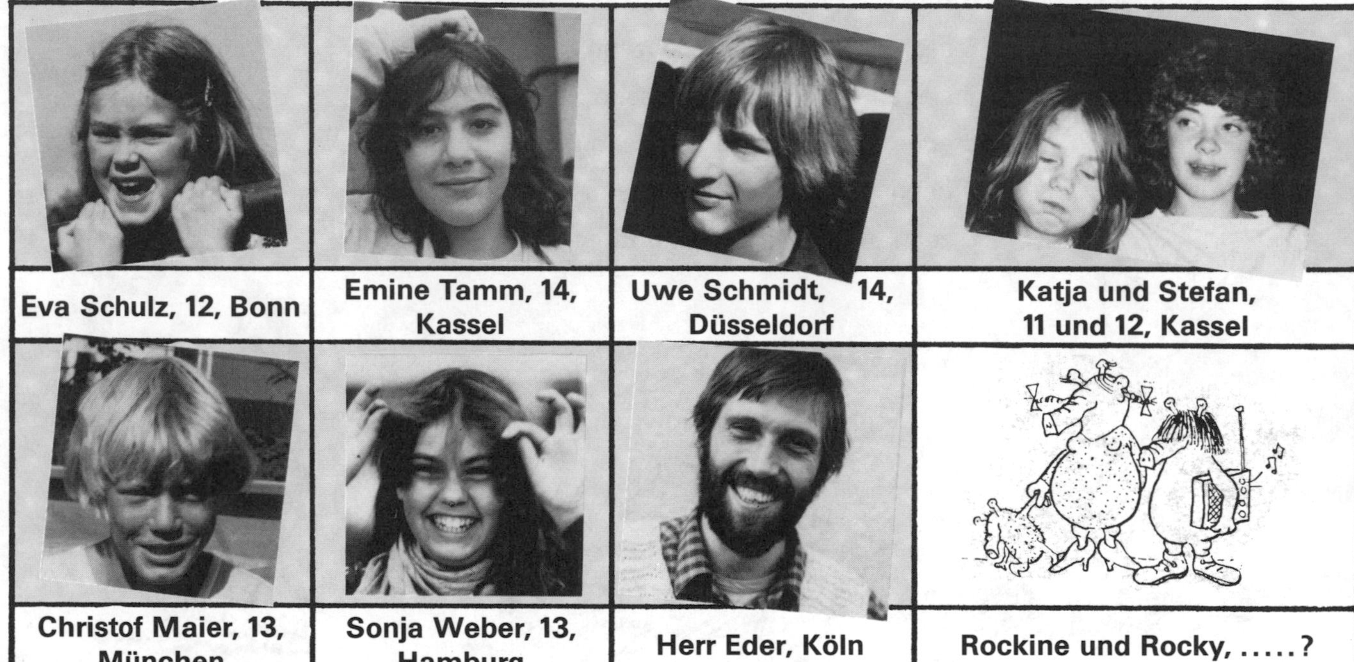

Eva Schulz, 12, Bonn	**Emine Tamm, 14, Kassel**	**Uwe Schmidt, 14, Düsseldorf**	**Katja und Stefan, 11 und 12, Kassel**
Christof Maier, 13, München	**Sonja Weber, 13, Hamburg**	**Herr Eder, Köln**	**Rockine und Rocky, ...?**

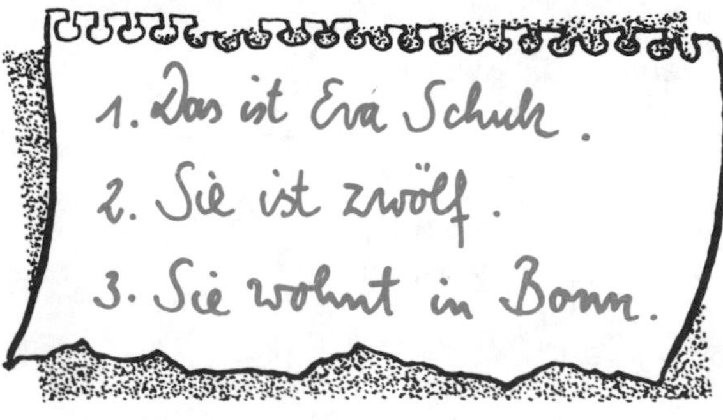

1. Wer ist das?
   Das ist ......
   Das sind ......

2. Wie alt ist er?
   Wie alt ist sie?
   Wie alt sind sie?

3. Wo wohnt er?
   Wo wohnt sie?
   Wo wohnen sie?

   In ......

Ü7 Meine Freundin – dein Freund

C3

Meine Freundin / Mein Freund } heißt ...... Sie / Er } ist ...... Jahre alt.

Sie / Er } wohnt in ...... Wie heißt { deine Freundin? / dein Freund?

Meine Lehrerin / Mein Lehrer } heißt ...... Wie heißt { deine Lehrerin? / dein Lehrer?

Ü8 **Welche Wörter kennt ihr?**

Ü9 **Bitte mehr internationale Wörter sammeln.**

Ü10 **Bitte deutsche Wörter sammeln.**

1. Konjugation: Präsens / Personalpronomen: ich, du, er, es, sie

		sein	wohnen	kommen	heißen
SINGULAR	ich	bin	wohn **e**	komm **e**	heiß **e**
	du	bist	wohn **st**	komm **st**	heiß **t**
	er es sie	ist	wohn **t**	komm **t**	heiß **t**
PLURAL	sie	sind	wohn **en**	komm **en**	heiß **en**

2. Der Satz

Fragesatz			Aussagesatz		
Wie	heißt	du?	Ich	heiße	Monika.
Wie alt	bist	du?	Ich	bin	zwölf.
Woher	kommst	du?	Ich	komme	aus Deutschland.
Wo	wohnst	du?	Ich	wohne	in Kassel.
Wer	ist	das?	Das	ist	Klaus.
Wie alt	ist	er?	Er	ist	dreizehn.
Wo	wohnen	sie?	Sie	wohnen	in Kassel.

3. Possessivpronomen: mein – dein

 der Ball	 mein Ball	 dein Ball
	mein Lehrer mein Freund	dein Lehrer dein Freund
 das Telefon	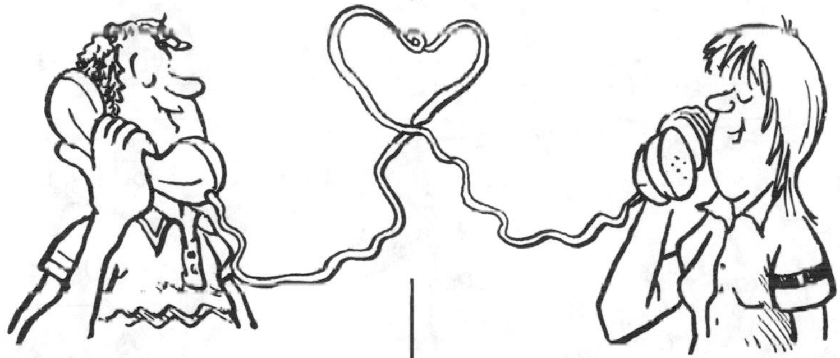 mein Telefon	dein Telefon
 die Gitarre	 meine Gitarre	deine Gitarre
	meine Lehrerin meine Freundin	deine Lehrerin deine Freundin

2A

1

Guten Tag, ich heiße Rotkäppchen.	– Freut mich, mein Name ist Batman.
Sind Sie Rocky?	– Ja, und wer sind Sie?
Entschuldigung, sind Sie Herr Schulz?	– Nein, ich heiße Dracula.
Hallo, Charlie!	– Hallo, Rudi! Wie geht's?
Ist das Dracula?	– Ja, das ist er!/Nein, das ist ...../Ich weiß nicht.
Wie heißt du?	– Max, und du?

Ü1 Intonation

1. "Guten Tag, ich heiße Maier."
   "Freut mich, mein Name ist Müller."
2. "Sind Sie Herr Eder?" – "Nein, ich heiße Schulz."
3. "Wie heißen Sie?" – "Schulz."
   – "Ich heiße Müller."
4. "Guten Tag, Herr Müller." – "Guten Tag, Frau Schmidt."
5. "Hallo, Astrid, wie geht's?" – "Hallo, Klaus. Danke gut."
6. "Entschuldigung, heißen Sie Bieler?" – "Nein, mein Name ist Steger."
7. "Ist das Fräulein Schmidt?" – "Ja, das ist sie."
   "Ich weiß nicht."

Ü2 Guten Tag, mein Name ist Steger

C3,4

1. Guten Tag. Mein Name ist Steger. Wie heißen Sie? ..... – .....

2. Entschuldigung, sind Sie Herr / Frau / Fräulein .....? – Ja, und wer sind Sie? – Ich heiße .....
   – Nein, ich heiße .....

3. Ist das Herr / Frau / Fräulein .....? – Ja, das ist er/sie.
   – Nein, das ist Herr / Frau / Fräulein .....
   – Ich weiß nicht.

Ü3 Freunde begrüßen

"Hallo, Peter, wie geht's?" – "Hallo, Eva. Danke, gut."
"Tag, ..."
.....

Ü4 Entschuldigung, wie heißen Sie?

C3,4

1. Sind ..... Herr Eder? – Nein, ich ..... Schulz.
2. ..... Sie Müller? – Ja. Wie ..... Sie?
3. .....

2 Zahlen über 20

21 einundzwanzig	31 einundreißig	50 fünfzig
22 zweiundzwanzig	32 zweiunddreißig	60 sechzig ⚠
23 dreiundzwanzig	33	70 siebzig
24 vierundzwanzig	34	80 achtzig
25 fünfundzwanzig	35	90 neunzig
26 sechsundzwanzig	36	100 hundert
27 siebenundzwanzig	37	101 hunderteins
28 achtundzwanzig	38	
29 neunundzwanzig	39	200 zweihundert
30 dreißig	40 vierzig	
		1000 tausend

Deutsches Geld

Geldstücke:

der Pfennig
das Zweipfennigstück
der Fünfer
der Zehner, der Groschen
der Fünfziger
das Markstück
das Zweimarkstück
das Fünfmarkstück

GELDWECHSLER
WECHSELT
0.50 DM in 5x10 Pf.
1.- DM in 5x10 Pf. + 1x50 Pf.
2.- DM in 5x10 Pf. + 1x50 Pf. + 1 x 1.- DM

Geldscheine:

der Zehnmarkschein
der Zwanzigmarkschein
der Fünfzigmarkschein
der Hundertmarkschein
der Fünfhundertmarkschein
der Tausendmarkschein

Ü5 Eine Mark ist .....

..... fünfzig Pfennig und fünfmal zehn Pfennig
oder zehnmal zehn Pfennig
oder fünfzig Pfennig und zehnmal fünf Pfennig
oder .....

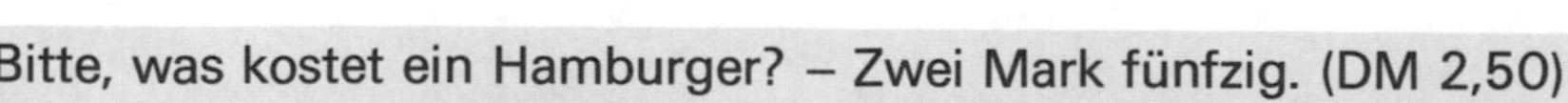

Bitte, was kostet ein Hamburger? – Zwei Mark fünfzig. (DM 2,50)
eine Cola? – Eine Mark fünfzig. (DM 1,50)

eine Gitarre? – Hundertsechsundneunzig Mark. (DM 196,–)
eine Cassette? – Fünf Mark sechzig. (DM 5,60)
ein Foto? – Fünfundneunzig Pfennig. (DM 0,95)

ein Fußball? – Vierzig Mark. (DM 40,–)

Ü6 Abzählen ohne 5

Ü7 Ein Rechenspiel: "Die verbotene Fünf"

Bitte selbst Aufgaben mit verbotenen Zahlen machen.

Ü8 Karl und Hans tauchen

① Hans taucht.
Karl zählt: "Eins, zwei, drei ....."

② .....

③ .....

.....

1 Familie Schulz macht Urlaub

Das ist Familie Schulz. Herr Schulz ist Mechaniker, Frau Schulz ist Sekretärin. Klaus ist 14, seine Schwester Karin 12. Sie wohnen in Dülmen bei Münster.
Familie Schulz hat einen Caravan. In den Ferien fahren sie oft nach Holland, ans Meer.

Familie Schulz:
Herr Schulz
Frau Schulz
Klaus – Karin
Dülmen
Caravan
Ferien
Holland: Meer

Diesmal sind sie auf einem Campingplatz bei Zandvoort. Klaus und Karin haben ein Zelt, Herr und Frau Schulz schlafen im Caravan.

Campingplatz:
Zandvoort
Zelt

Auf dem Campingplatz gibt es viele junge Leute.
Das ist Guido Friedl aus Wien in Österreich. Er ist 15.
Charlotte Richter kommt aus Basel.
Pierre Lefèvre wohnt in Metz. Das ist in Frankreich.

junge Leute:

Guido – Wien

Charlotte – Basel
Pierre – Metz

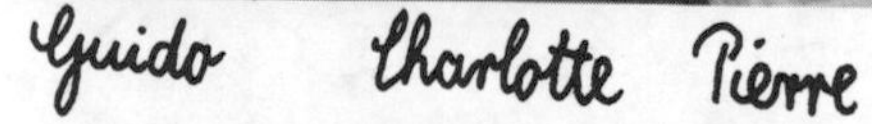

Mieke Henk Adri

Die meisten sind aus Holland:
Henk, 15, ist aus Utrecht.
Mieke, 14, ist aus Amsterdam.
Adri, 14, wohnt in Leiden.

Henk – Utrecht
Mieke – Amsterdam
Adri – Leiden

Ü9 **Was verstehst du? Bitte die Wörter am Rand im Wörterbuch nachschlagen.**

Ü10 **Bitte die folgende Liste ausfüllen:**

NAME	ALTER	STADT	LAND
Klaus Schulz	14	Dülmen	Deutschland

Ü11 Herzliche Grüße aus den Ferien!

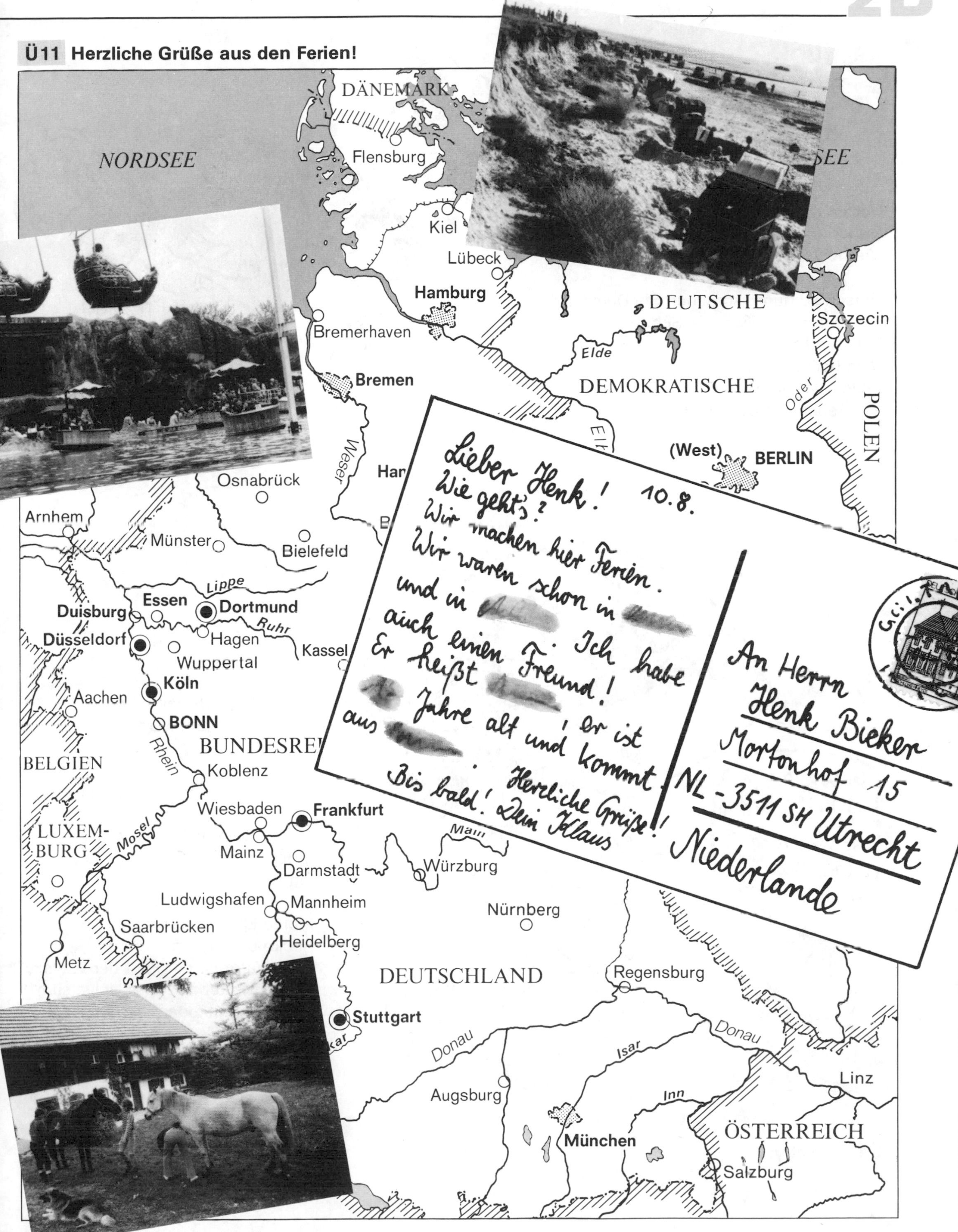

Lieber Henk! 10.8.
Wie geht's?
Wir machen hier Ferien.
Wir waren schon in ___
und in ___. Ich habe
auch einen Freund!
Er heißt ___.
___ Jahre alt, er ist
aus ___ und kommt
Herzliche Grüße!
Bis bald! Dein Klaus

An Herrn
Henk Bieker
Mortonhof 15
NL-3511 SH Utrecht
Niederlande

2

Wer ist das? .....
Woher kommt er? .....
Wie heißt er? .....

"Entschuldigung, sprechen Sie Deutsch?"
"Verzeihung, heißen Sie Schulz?"
"Wer sind Sie?"
"Wie heißen Sie?"
"Woher kommen Sie?"
"Verstehen Sie Deutsch?"

Guten Tag, ich heiße Rocky.
Ich komme vom Mars.

Das ist meine Schwester Rockine.

Mein Bruder heißt Roxy.
Er ist 20 Jahre alt.
Ein Baby!

Meine Eltern heißen
Rocko und Rocka.
Mein Vater ist der Pilot der "Galaxy".
Meine Mutter ist "Miss Universum"!
Sie ist schön, oder?

Wo bin ich?
Ist das hier Deutschland??

Ü12 **Rocky:**

Vater: ..... Mutter: ..... Bruder: ..... Schwester: .....

Das Caravan-Lied

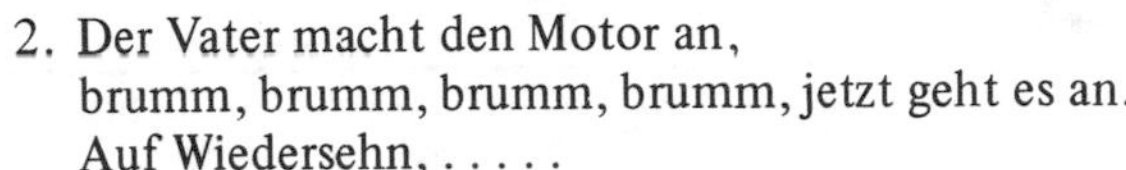
2. Der Vater macht den Motor an,
brumm, brumm, brumm, brumm, jetzt geht es an.
Auf Wiedersehn, ...

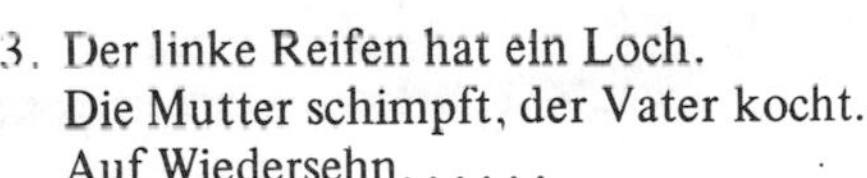
3. Der linke Reifen hat ein Loch.
Die Mutter schimpft, der Vater kocht.
Auf Wiedersehn, ...

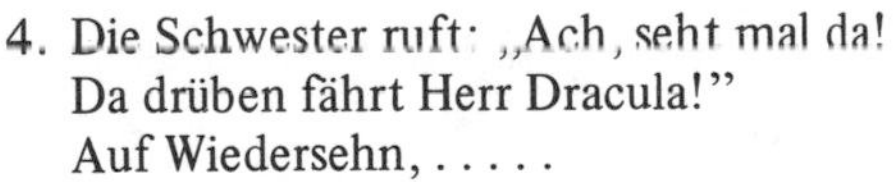
4. Die Schwester ruft: „Ach, seht mal da!
Da drüben fährt Herr Dracula!"
Auf Wiedersehn, ...

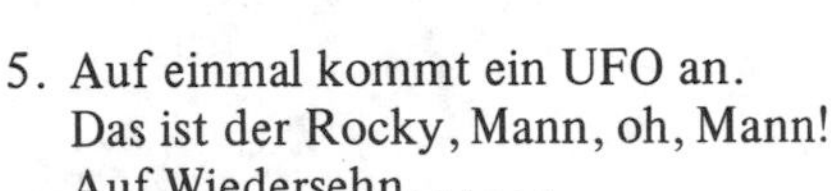
5. Auf einmal kommt ein UFO an.
Das ist der Rocky, Mann, oh, Mann!
Auf Wiedersehn, ...

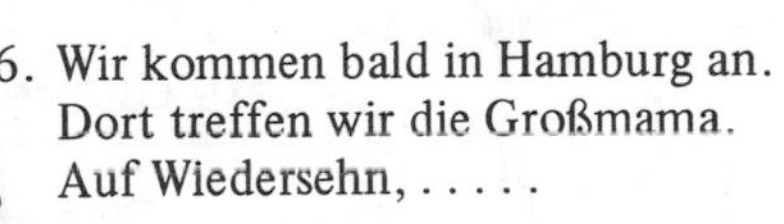
6. Wir kommen bald in Hamburg an.
Dort treffen wir die Großmama.
Auf Wiedersehn, ...

2C

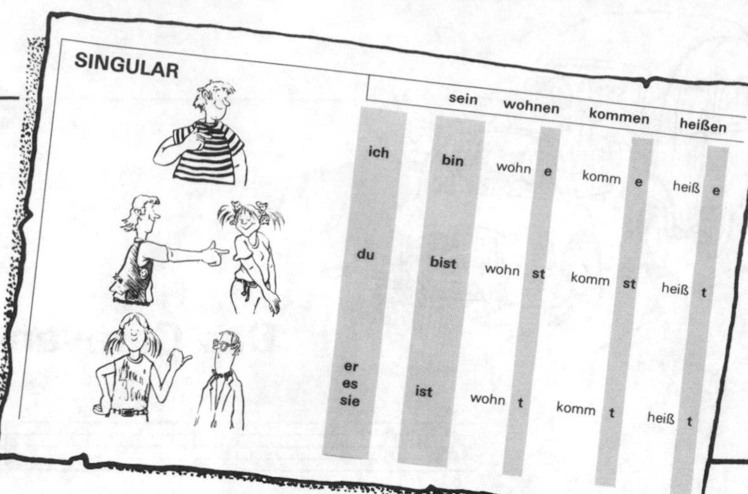

SINGULAR

	sein	wohnen	kommen	heißen
ich	bin	wohn e	komm e	heiß e
du	bist	wohn st	komm st	heiß t
er es sie	ist	wohn t	komm t	heiß t

1. Personalpronomen (Plural): wir, ihr

	sein	wohnen	kommen	heißen
wir	sind	wohnen	kommen	heißen
ihr	seid	wohnt	kommt	heißt

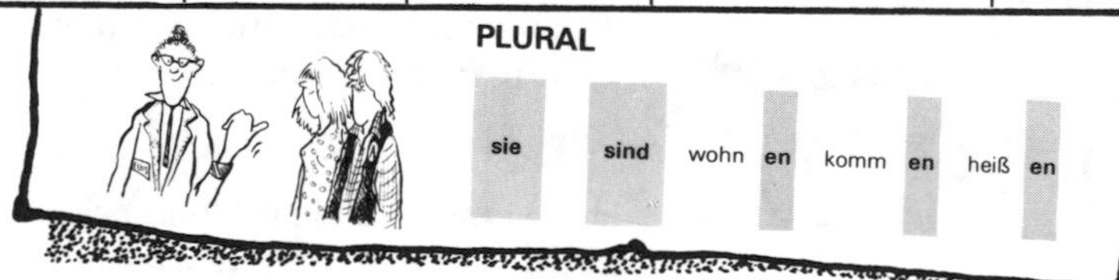

PLURAL

sie	sind	wohn en	komm en	heiß en

2. Possessivpronomen (Plural): unser, euer

3. Possessivpronomen: mein – dein

der Ball
mein Ball
dein Ball
mein Lehrer
mein Freund
dein Lehrer
dein Freund
das Telefon
mein Telefon
dein Telefon
die Gitarre
meine Gitarre
deine Gitarre
meine Lehrerin
meine Freundin
deine Lehrerin
deine Freundin

unsere Gitarre	**eure** Gitarre
unser Ball	**euer** Ball

3. Höfliche Anrede

Ich heiße Müller.
Entschuldigung, wer sind **Sie**?
wie heißen **Sie**?
sind **Sie** Herr Schulz?

4. Der Satz

Aussagesatz			Fragesatz: Wortfrage			Fragesatz: Satzfrage		
Mein Name	ist	Steger.	**Wie**	ist	Ihr Name?	Ist	Ihr Name	Steger?
Ich	heiße	Schulz.	**Wie**	heißen	Sie?	Heißen	Sie	Schulz?
Ich	bin	Uwe Schmidt.	**Wer**	sind	Sie?	Sind	Sie	Herr Schmidt?
Ich	heiße	Martin.	**Wie**	heißt	du?	Heißt	du	Martin?
Ich	wohne	in Kassel.	**Wo**	wohnst	du?	Wohnst	du	in Kassel?
Das	ist	Frau Schulz.	**Wer**	ist	das?	Ist	das	Frau Schulz?

Ü13

Wie heißt ihr?	– Wir heißen Rocky und Rockine.	Und wie heißt ihr?
Woher kommt ihr?	– Wir	Und woher .....?
Versteht ihr Deutsch?	– Wir	Und ihr?
Wie alt seid ihr?	–	Und wie alt .....?
Seid ihr vom Mars?	–	Und woher .....?
Wie heißt euer Lehrer?	–	Und wo .....?
Wie heißt eure Lehrerin?	–	Und wie .....?

1 Woher kommst du? Woher kommt ihr?

John Craig,
Cork,
Irland

Das ist
Olav Nordli.
Er kommt aus Bergen in
Norwegen.

Anne Blée
ist aus Montreal,
Kanada.

Nick ten Berg
ist aus Amsterdam in
Holland.

Paul Riz und Jeanne Sue
sind aus Montpellier,
Frankreich.

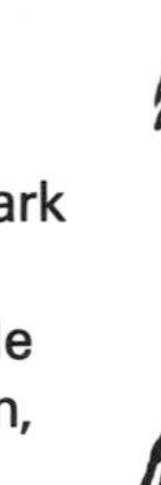

Debbie Clark
und
Jack Steele
aus Boston,
USA

Woher kommst du?	–	Aus Cork.
Woher kommt ihr?	–	Aus Boston.
Wo ist das?	–	In Irland.
Wo liegt das?	–	In den USA. ⚠

Ü1

Bente
Debbie + Jack } WOHER?
.....

Odense
Boston } WO?
.....

Bente Juul und
Hanne Jensen
kommen aus Odense,
Dänemark.

Carla Björck
ist aus Malmö,
Schweden.

Julio Rota
ist aus Verona in
Italien.

Akira Kôyô kommt
aus Osaka in Japan.
Kaga Yishima auch.

Hein
Hansen, Buxtehude,
Bundesrepublik
Deutschland

Mbawi Kano
aus Lagos, Nigeria

Resi Bauer
aus Linz in
Österreich

○ Ich heiße Resi.
● Ich bin Olav. – Woher kommst du?
○ Aus Linz.
● Wo liegt das?
○ In Österreich. – Und woher kommst du?
● .....

2

a) Wie bitte?

Wir kommen aus Montpellier.	Woher kommt ihr? Wie bitte? Wie heißt das, bitte?
Ich komme aus Buxtehude. Buxtehude liegt bei Hamburg.	Wo ist denn das? Wo?

b) Buchstabieren

○ Ich komme heute abend.
● Wie heißen Sie?
○ Carla Björck.
● Bitte buchstabieren Sie!
○ – be
– jott
– ö
– err
– tse
– ka

Buchstabieren:	
A = a	N = enn
B = be	O = o
C = tse	P = pe
D = de	Q = ku
E = e	R = err
F = eff	S = ess
G = ge	T = te
H = ha	U = u
I = i	V = fau
J = jott	W = we
K = ka	X = iks
L = ell	Y = üpsilon
M = emm	Z = tsett
ä, ö, ü	ß = ess-tsett

Ü2 Aussprache

Bauer, Japan, Irland, Resi, Schweden, Deutschland, Schule;
Kanada, Dänemark, Österreich, Jugendherberge, Ypsilon, Theodor;
Italien, Verona, Buxtehude, buchstabieren, woher

Ü3 Intonation

Woher kommt ihr denn? – Aus Montpellier. – Wie bitte?
Und du? – Ich? – Aus Buxtehude. – Wo her?
Wo ist denn das?
Wie heißt das bitte? – Buchstabieren Sie!
Buxtehude liegt bei Hamburg.

Ü4

Fragen:	Antworten:	Nicht verstehen und nachfragen:
Wie heißt du?	Ich heiße	Wie bitte?
Wie heißt ihr?	Wir heißen	Bitte buchstabieren!
Wie heißen Sie?		Bitte buchstabieren Sie!
Name?	.....	Woher?
Woher kommst du?	Ich komme aus	Wie heißt das?
Woher kommen Sie?	Wir kommen aus	Wo liegt das? / Wo ist denn das?

Ü5

NR. 731

Name: ten Berg
Vorname: Nick
Alter: 17 Jahre
Land: Niederlande
Adresse: Herengracht 8
NL – 1015 BH Amsterdam

Schreibe deine Anmeldekarte.

Anmeldung spielen

3 Wie heißt das auf deutsch?

1	die / eine	Landkarte
2	der / ein	Stuhl
3	der / ein	Tisch
4	das / ein	Buch
5	die / eine	Tasche
6	die / eine	Tafel
7	das / ein	Heft
8	der / ein	Bleistift
9	der / ein	Kuli

Wie heißt Nr. 4 auf deutsch?	– Buch.
Wie heißt das hier auf deutsch?	– Das heißt Heft.
Was ist das hier?	– Eine Tasche.
Was ist Nr. 9?	– Ein Kuli.

Ü6 Aussprache

Stuhl, Tafel, Tisch, Tasche, Buch, Landkarte, Bleistift, Heft, Kuli.

Ü7 Intonation

Wie heißt das hier auf deutsch? – Buch.

Wie heißt das hier? – Landkarte.

Was ist Nummer zwei? – Eine Tasche.

C3

Ü8 Wie heißt das auf deutsch?

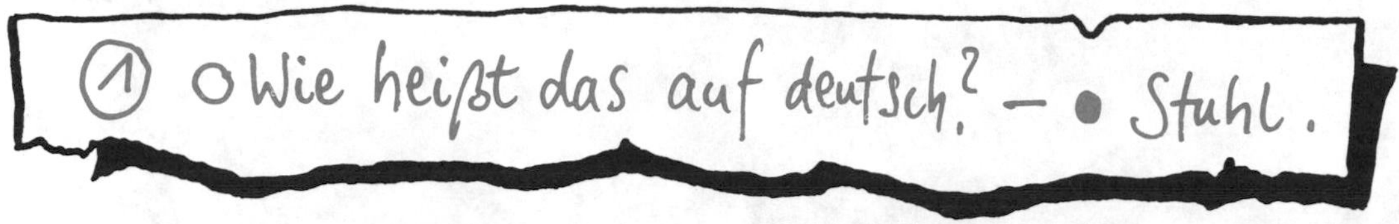

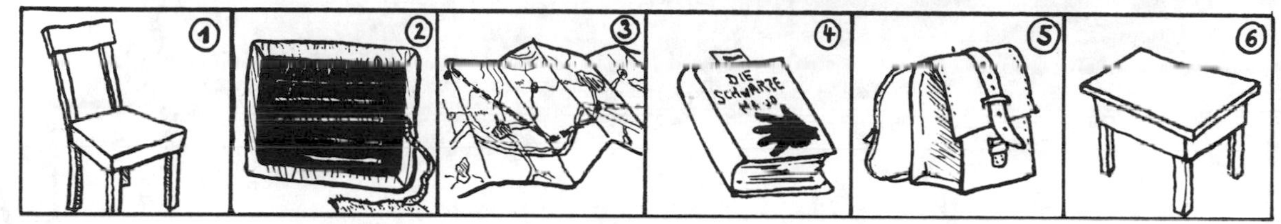

Ü9 Was ist das?

C3

○ Was ist das, eine Landkarte? – ● Nein, eine Tafel.

eine Landkarte?

ein Buch?

ein Tisch?

eine Tafel? ein Heft? ein Stuhl?

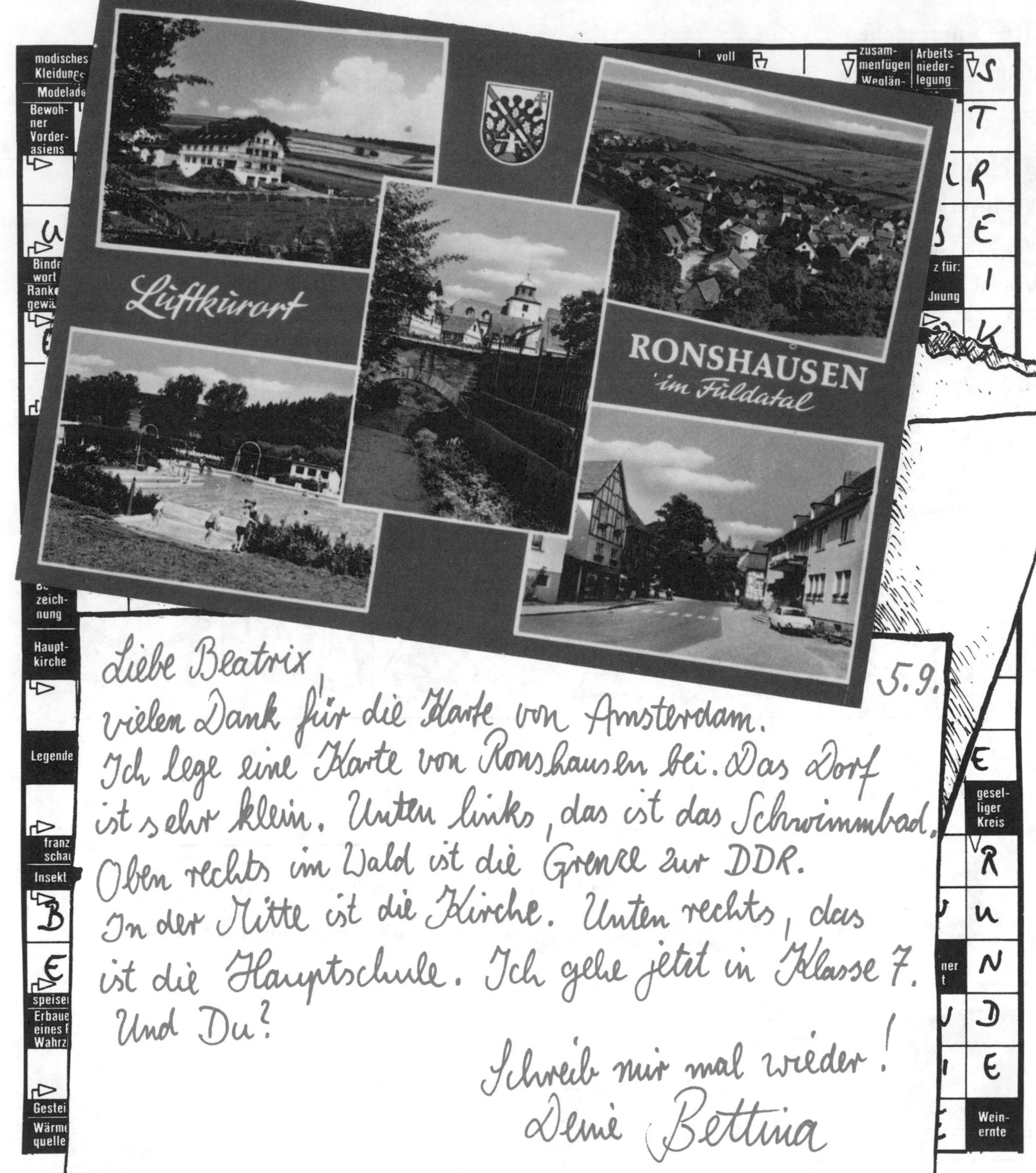

Liebe Beatrix, 5.9.
vielen Dank für die Karte von Amsterdam.
Ich lege eine Karte von Ronshausen bei. Das Dorf ist sehr klein. Unten links, das ist das Schwimmbad. Oben rechts im Wald ist die Grenze zur DDR.
In der Mitte ist die Kirche. Unten rechts, das ist die Hauptschule. Ich gehe jetzt in Klasse 7.
Und Du?

Schreib mir mal wieder!
Deine Bettina

Ü10 **Bitte die Karte beschreiben:**

Links oben, das ist ein Hotel.
Links unten, . . .

links oben		rechts oben
	in der Mitte	
links unten		rechts unten

1. Unbestimmter Artikel

ein **Fußball**

ein **Auto**

eine **Tasche**

Lehrer Bleistift Herr Tisch Stuhl Kuli	Zimmer Buch Telefon Heft ⚠ – Geld ⚠	Jugendherberge Lehrerin Tafel Landkarte Schule Nummer Klasse Frau

2. Bestimmter Artikel

der **Fußball ist alt**

das **Auto ist schnell**

die **Tasche ist schön**

Lehrer Bleistift Herr Tisch Stuhl Kuli	Zimmer Buch Telefon Heft Geld	Jugendherberge Lehrerin Tafel Landkarte Schule Nummer Klasse Frau

3. Sachen erfragen und benennen

Fragen

Was	ist	das?
Was	ist	das hier?
Was	ist	das da?
Was	ist	Nr. 4?
Wie	heißt	das auf deutsch?
Wie	heißt	das hier auf deutsch?
Wie	heißt	Nr. 8 auf deutsch?

—

Antworten

Ein		Tisch.
Ein	e	Karte.
Ein	e	Tafel.
Ein		Stuhl.
Ein	e	Tasche.
Ein		Buch.
		Landkarte.
		Tasche.
		Bleistift.

4. Zählen (Pluralformen von Hauptwörtern)

-e	¨e	-en	-n	--	-s
Tisch -e Bleistift-e Freund -e Pfennig-e Stück -e Schein -e	Stühl -e Schwämm-e Fußbäll -e	Frau -en Herr -en Tourist -en ⚠ Freundin-n-en	Tasche -n Schule -n Nummer -n Klasse -n Landkarte -n Schwester -n Tafel -n Jugendherberge-n Gitarre -n Cassette -n	Lehrer -- Schüler -- Groschen -- Mark -- Hamburger--	Kuli -s Cola-s

Beispiel: zwei Tische, drei Stühle, vier Herren, fünf Taschen, sechs Schüler, sieben Mark, acht Kulis

5. Konjugation: "sein" und "haben"

			sein	haben
Singular	1. Person	ich	bin	habe
	2. Person	du	bist	hast
	3. Person	er/es/sie	ist	hat
Plural	1. Person	wir	sind	haben
	2. Person	ihr	seid	habt
	3. Person	sie/Sie	sind	haben

Ü11 Bitte die Artikel einsetzen: C2

Beispiel: ① der Tisch

① Tisch, ② Tafel, ③ Kuli, ④ Frau, ⑤ Geld, ⑥ Jugendherberge, ⑦ Lehrer, ⑧ Schule, ⑨ Klasse, ⑩ Bleistift, ⑪ Fußball, ⑫ Nummer, ⑬ Herr, ⑭ Heft, ⑮ Stuhl.

Ü12

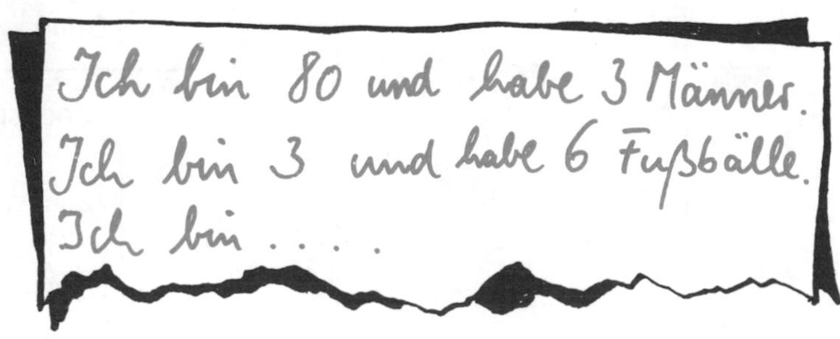

Ü 13 Bitte Pluralformen schreiben:

C4

① 17  	② 7 	③ 2 	④ 15 	⑤ 4 
⑥ 62  	⑦ 5 	⑧ 45 	⑨ 30 	⑩ 1 

Ü 14 Das ABC-Lied

A B C D E F G
a be tse de e eff ge,

H I J K L M N O P
ha i jott ka ell emm enn o pe;

Q r S T U V W
ku err ess te u fau we,

Q R S T U V W
ku err ess te u fau we,

X X Y Z
iks iks üp-si-lon tsett, o weh:

A B C
Das ist das gan-ze a be tse.

Das ABC-Lied
W.A. Mozart

4A

1 Bettinas Stundenplan

Bettina ist 13. Sie wohnt in Ronshausen und geht in Klasse 7.

Montag habe ich zwei Stunden Sozi. Das ist langweilig. Am Samstag habe ich zwei Stunden Mathe. Das ist auch langweilig. Aber Deutsch macht richtig Spaß!

Stundenplan

Montag	Dienstag	Mittwoch	Donnerstag	Freitag	Samstag
Kunst	Physik	Bio	Sport	Englisch	Deutsch
"	"	Mathe	"	Physik	"
Sozi	Deutsch	Deutsch	Geschichte	Mathe	Mathe
"	Mathe	Handarbeit	"	Deutsch	"
	Englisch	"		Religion	
	Religion	Englisch			

Sozi — Sozialkunde

Mathe — Mathematik

Bio — Biologie

Deutsch	macht Spaß! ist Spitze! ist Klasse! ist interessant!	Deutsch	macht keinen Spaß! ist langweilig! ist doof! ist nicht interessant!

Ü1 Bettinas Stundenplan: *Montag hat sie Kunst und ....*

Ü2 Vergleiche deinen Stundenplan mit Bettinas Stundenplan:

Bettina hat Handarbeit. – Ich nicht.
Religion. – Ich auch.
.
.
.
Bettina hat 5 Stunden Mathe. – Ich .....

Ü3 *Deutsch ist Klasse!*

Mathe?	Kunst?
Bio?	Handarbeit?
Sport?	Religion?
Sozi?	Geschichte?
Englisch?	Physik?

Schulfächer – Schulbücher – Schulsachen

Ü4 Die Tasche von Bettina

Montag: Bettina braucht das Sozialkundebuch und das Kunstgeschichtebuch.
Dienstag: .....
.....

2

Nehmt	bitte die Hausaufgabe	heraus!
Schlagt	bitte das Buch	auf!
Bringt	bitte das Turnzeug	mit!
Schreibt	bitte den Satz	mit!

Entschuldigung, was bitte?
Entschuldigung, das verstehe ich nicht.
Entschuldigung, ich hab' kein ....
keine ....
keinen ....

Ü5

● Haben wir Montag Mathe?
○ .....
Ja. Nein. Keine Ahnung!

Ü6

● Hast du meinen Atlas?
○ .....
Ja, hier. Ich weiß nicht. Nein, ich nicht.

Ü7 Aussprache

neh men
sa gen
brin gen
ver ste hen
Ent schul digung!
Haus aufgabe
Mathema tik

Deutsch buch
Ge schich te
Ku li
Blei stift
Fuß ball
At las
Religi o n

Ü8 Intonation

Schlagt mal das Deutsch buch auf!
Hast du einen At las?
Hast du einen Blei stift?
Morgen haben wir Sport.

Deutsch macht Spaß!
Keine Ah nung!
Deutsch lernen ist lang weilig.

Ü9

Was Lehrer und Schüler oft sagen:

○ Entschuldigung, wo ist Klasse 7 a?

● Dort links!

1

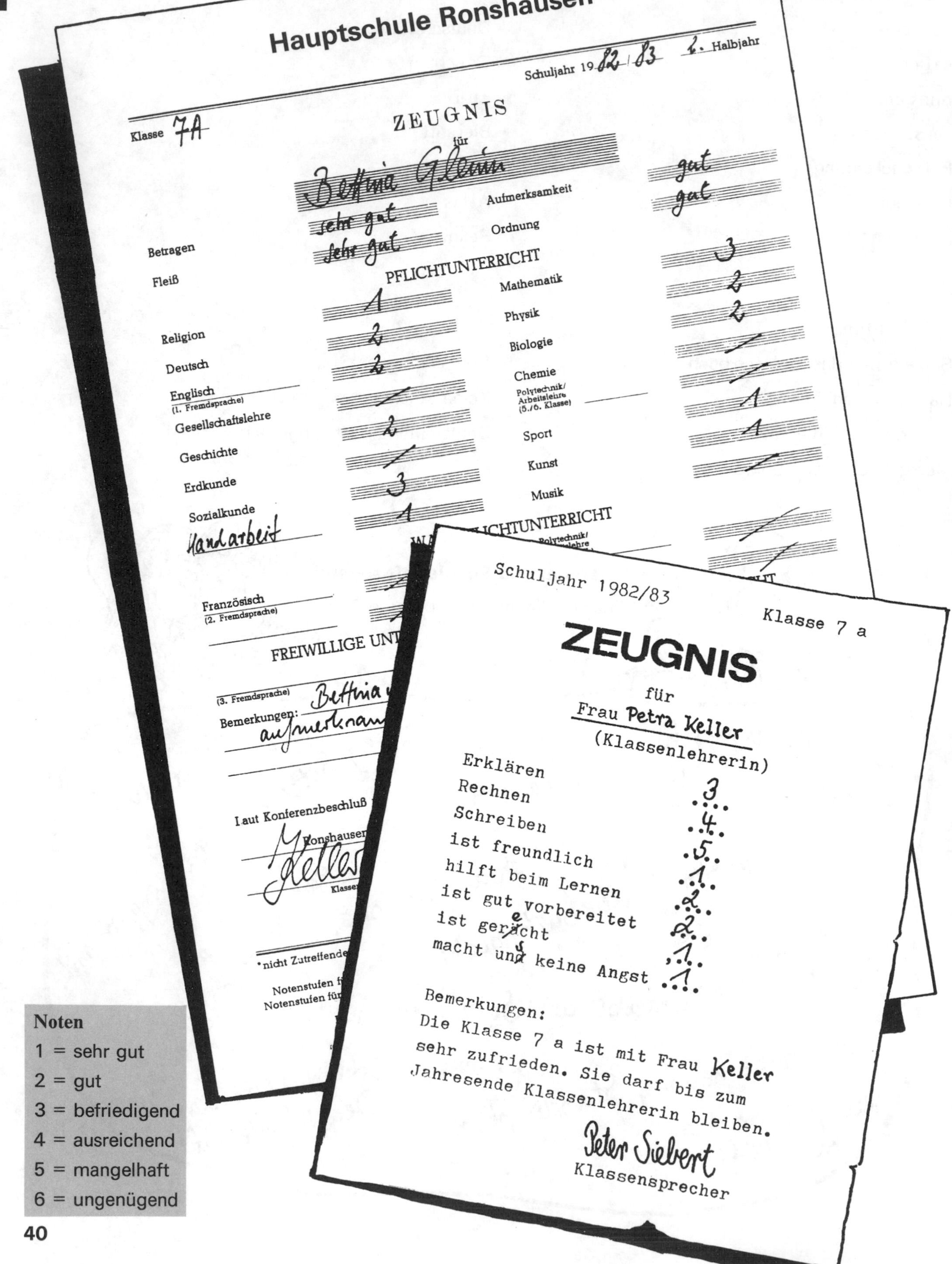
Hauptschule Ronshausen

Schuljahr 1982/83 2. Halbjahr

ZEUGNIS für Bettina Glein

Klasse 7A

Betragen	sehr gut	Aufmerksamkeit	gut
Fleiß	sehr gut	Ordnung	gut

PFLICHTUNTERRICHT

Religion	1	Mathematik	3
Deutsch	2	Physik	2
Englisch (1. Fremdsprache)	2	Biologie	2
Gesellschaftslehre	1	Chemie	1
Geschichte	2	Polytechnik/Arbeitslehre (5./6. Klasse)	1
Erdkunde	1	Sport	1
Sozialkunde	3	Kunst	1
Handarbeit	1	Musik	1

Französisch (2. Fremdsprache)

FREIWILLIGE UNT…

(3. Fremdsprache)

Bemerkungen: Bettina … aufmerksam…

Laut Konferenzbeschluß …

Ronshausen …

Keller

Klassen…

*nicht Zutreffende…

Notenstufen f…

Notenstufen für…

Schuljahr 1982/83

Klasse 7 a

ZEUGNIS

für

Frau Petra Keller

(Klassenlehrerin)

Erklären	3
Rechnen	4
Schreiben	5
ist freundlich	1
hilft beim Lernen	2
ist gut vorbereitet	2
ist gerecht	1
macht uns keine Angst	1

Bemerkungen:
Die Klasse 7 a ist mit Frau Keller sehr zufrieden. Sie darf bis zum Jahresende Klassenlehrerin bleiben.

Peter Siebert
Klassensprecher

Noten

1 = sehr gut
2 = gut
3 = befriedigend
4 = ausreichend
5 = mangelhaft
6 = ungenügend

Doofe Witze find' ich Spitze!

4C

1. Bestimmter und unbestimmter Artikel: Nominativ und Akkusativ

Nominativ Akkusativ	Das Ich	ist habe	**das** **das**	Heft. Heft.	Neutrum
Nominativ Akkusativ	Das Thomas	ist nimmt	**die** **die**	Tasche. Tasche.	Femininum
Nominativ Akkusativ	Das Thomas	ist nimmt	**der** **den**	Kuli. Kuli.	Maskulinum

Nominativ Akkusativ	Hier Danke,	ist ich habe	**ein** **ein**	Heft. Heft.	Neutrum
Nominativ Akkusativ	Das Danke,	ist ich habe	**eine** **eine**	Tasche. Tasche.	Femininum
Nominativ Akkusativ	Hier Ich	ist habe	**ein** **einen**	Kuli. Kuli.	Maskulinum

2. ein – kein

ein – kein
eine – keine
einen – keinen

ein Buch

kein Buch

3. Satzrahmen: trennbare Verben

mit|bringen	Er bringt das Deutschbuch mit.
heraus|nehmen	Er nimmt das Biologiebuch heraus.
auf|schlagen	Er schlägt das Hausaufgabenheft auf.

4. Konjugation: trennbare Verben

ich	nehme	..... heraus
du	nimmst	..... heraus
er es sie	nimmt	..... heraus
wir	nehmen	..... heraus
ihr	nehmt	..... heraus
sie	nehmen	..... heraus

ich	schlage	..... auf
du	schlägst	..... auf
er es sie	schlägt	..... auf
wir	schlagen	..... auf
ihr	schlagt	..... auf
sie	schlagen	..... auf

5. Imperativ

bringe	..... mit!
nimm	..... heraus!
schlage	..... auf!
schreibe	..... mit!
bringt	..... mit!
nehmt	..... heraus!
schlagt	..... auf!
schreibt	..... mit!

Ü10 *Nehmt bitte das Deutschheft heraus!*

herausnehmen aufschlagen mitbringen	Deutschheft Karte Atlas Fußball Tasche Bleistift Stundenplan Turnschuhe Gitarre Mathematikbuch Kuli

Ü11 *Klaus bringt das Heft mit.*

Ü12 Bitte einsetzen: kein, keine, keinen

○ Hast du ..... Kuli? ● Nein, ich habe ..... .

○ Ich habe ..... Deutschbuch. ● Wie bitte?

○ Hast du ..... Turnschuhe? ● Nein!

○ Ich nehme heute ..... Buch heraus. ● Wie bitte?

○ Bringst du ..... Gitarre mit? ● Nein, ich habe ..... Gitarre.

○ Das ist ..... Klasse. Das sind 25 Kinder. ● Das verstehe ich nicht!

○ Haben wir Montag ..... Deutsch? ● Nein, Dienstag.

○ Hast du ..... Freund? ● Nein, ich habe eine Freundin.

1 Auf dem Campingplatz

Piet: Guten Tag, Wolfgang.
Wolfgang: Oh, hallo, Piet. Wie geht's?
Piet: Gut, danke. Das hier ist Rita.
Wolfgang: Tag, Rita.
Rita: Guten Tag. Äh, wie heißt du?
Wolfgang: Wolfgang.
Piet: Woher kommst du?
Wolfgang: Aus Klagenfurt.
Rita: Wo ist das?
Wolfgang: In Österreich.
Rita: Wie alt bist du?
Wolfgang: Dreizehn. Und du?
Rita: Zwölf. Piet ist auch dreizehn.
Wolfgang: Wohnst du in Amsterdam?
Rita: Nein, ich wohne in Haarlem.
Wolfgang: Geht ihr jetzt schwimmen?
Piet: Ja, kommst du mit?
Wolfgang: Gerne.

Ü1 Bitte Notizen machen:

Rita Piet Wolfgang	wohnt in ist aus	
Rita Piet Wolfgang	ist	
Amsterdam Haarlem Klagenfurt	ist in	

Ü2 Was sagen sie?

Ü3 Was steht auf dem Schild?

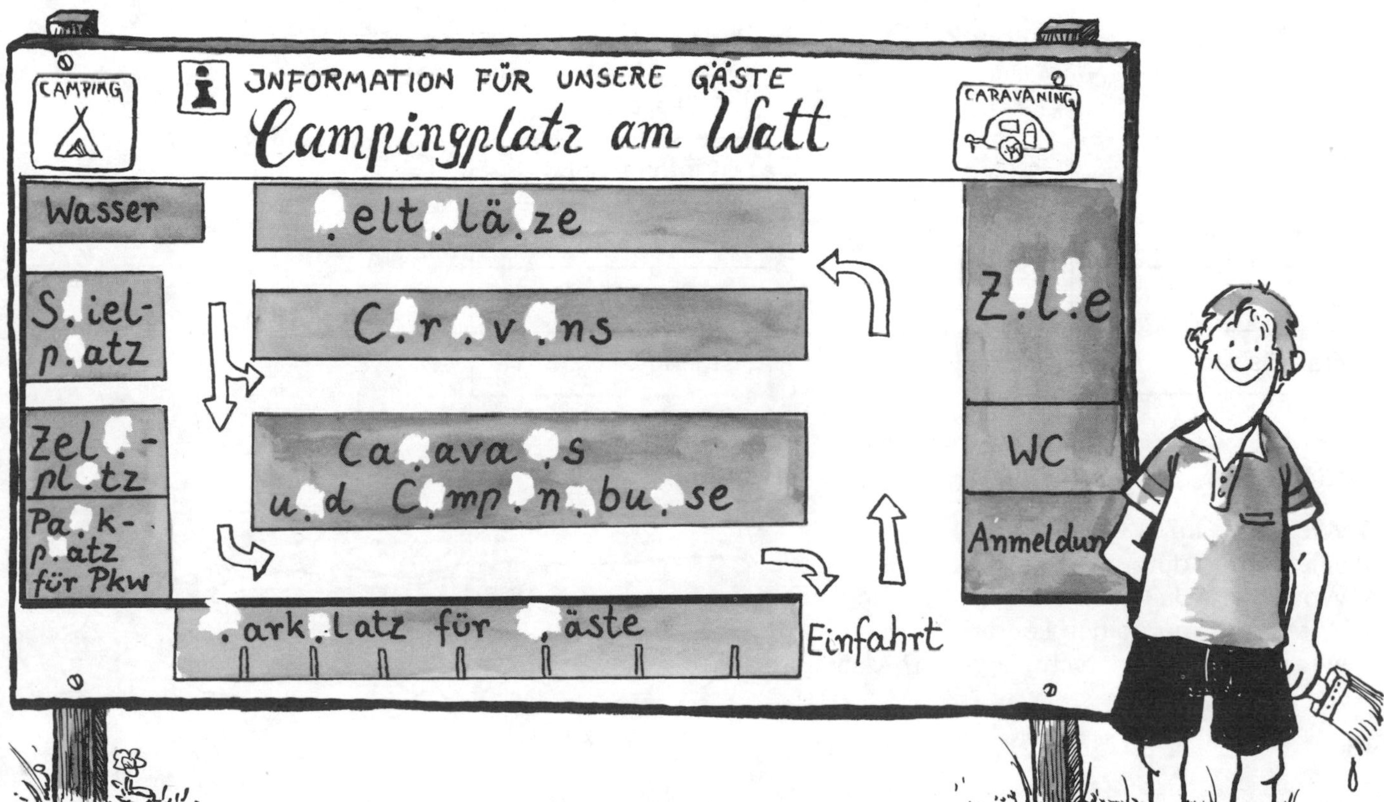

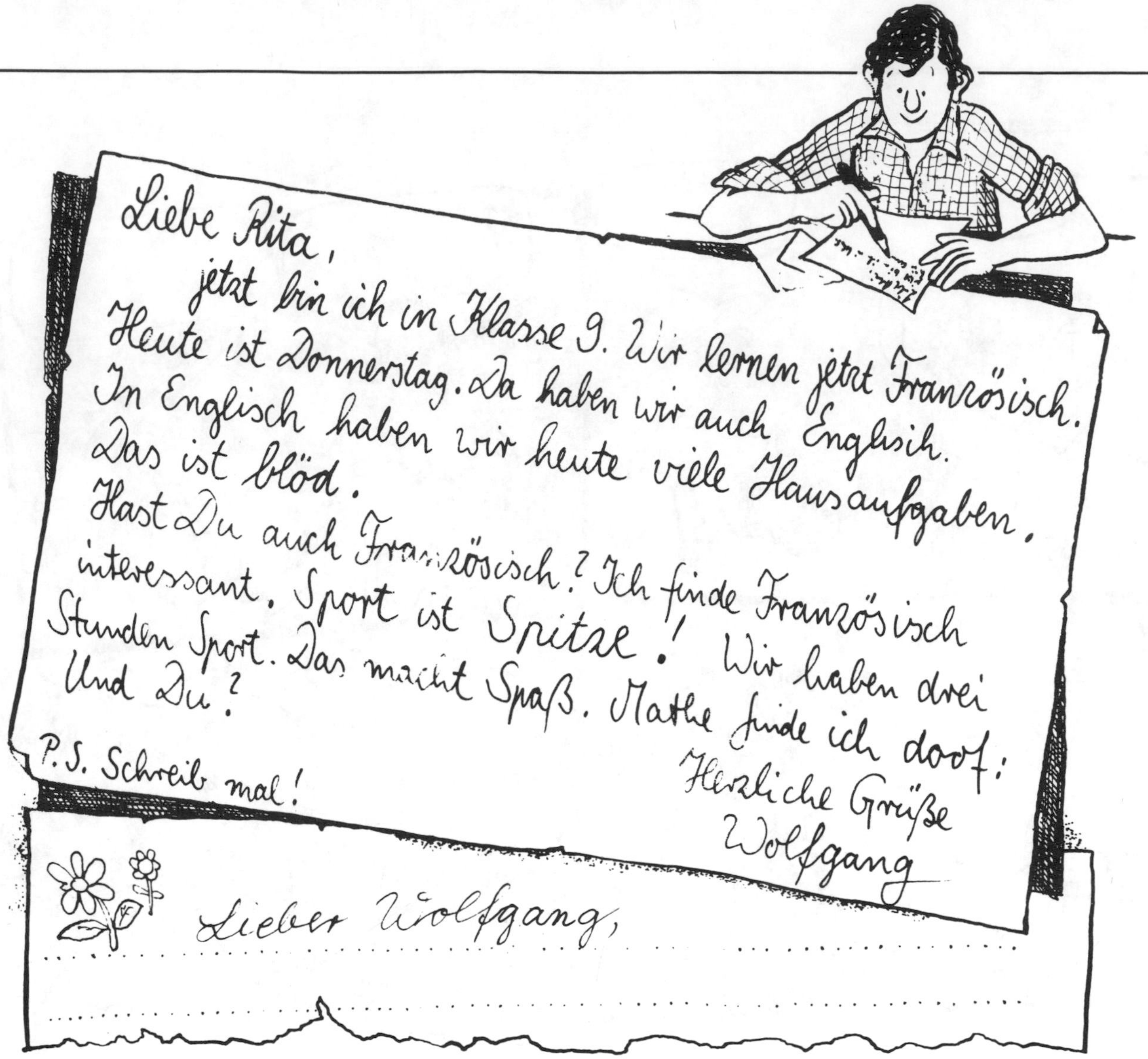

Liebe Rita,
jetzt bin ich in Klasse 9. Wir lernen jetzt Französisch.
Heute ist Donnerstag. Da haben wir auch Englisch.
In Englisch haben wir heute viele Hausaufgaben.
Das ist blöd.
Hast Du auch Französisch? Ich finde Französisch
interessant. Sport ist Spitze! Wir haben drei
Stunden Sport. Das macht Spaß. Mathe finde ich doof.
Und Du?

Herzliche Grüße
Wolfgang

P.S. Schreib mal!

Lieber Wolfgang,

. . . .

. . . .

Ü4 Was gehört zusammen?

Ich bin	in Klasse 9.
Englisch	ist interessant.
Hausaufgaben	ist Spitze.
Sport	finde ich doof.
Französisch	ist langweilig.

Ü5 Mache ein Interview. Frage deine Mitschüler:

- Wie heißt du?
- Wie alt bist du?
- Wo wohnst du?
- Wie findest du deinen Lehrer?
- Wie findest du Deutsch? Englisch? Mathe? . . . . .
- . . . . .

Spielregeln

Ihr habt 3 Würfel. Jeder würfelt, sooft er will, und addiert die Punkte. *Aber* es darf *keine Eins* dabeisein, sonst bekommt man keine Punkte!

Wer eine Eins würfelt, sagt: "So ein Mist!" und gibt die Würfel weiter.

Wer als erster Spieler 200 Punkte hat, ist Sieger!

4 Was sagen die Leute?

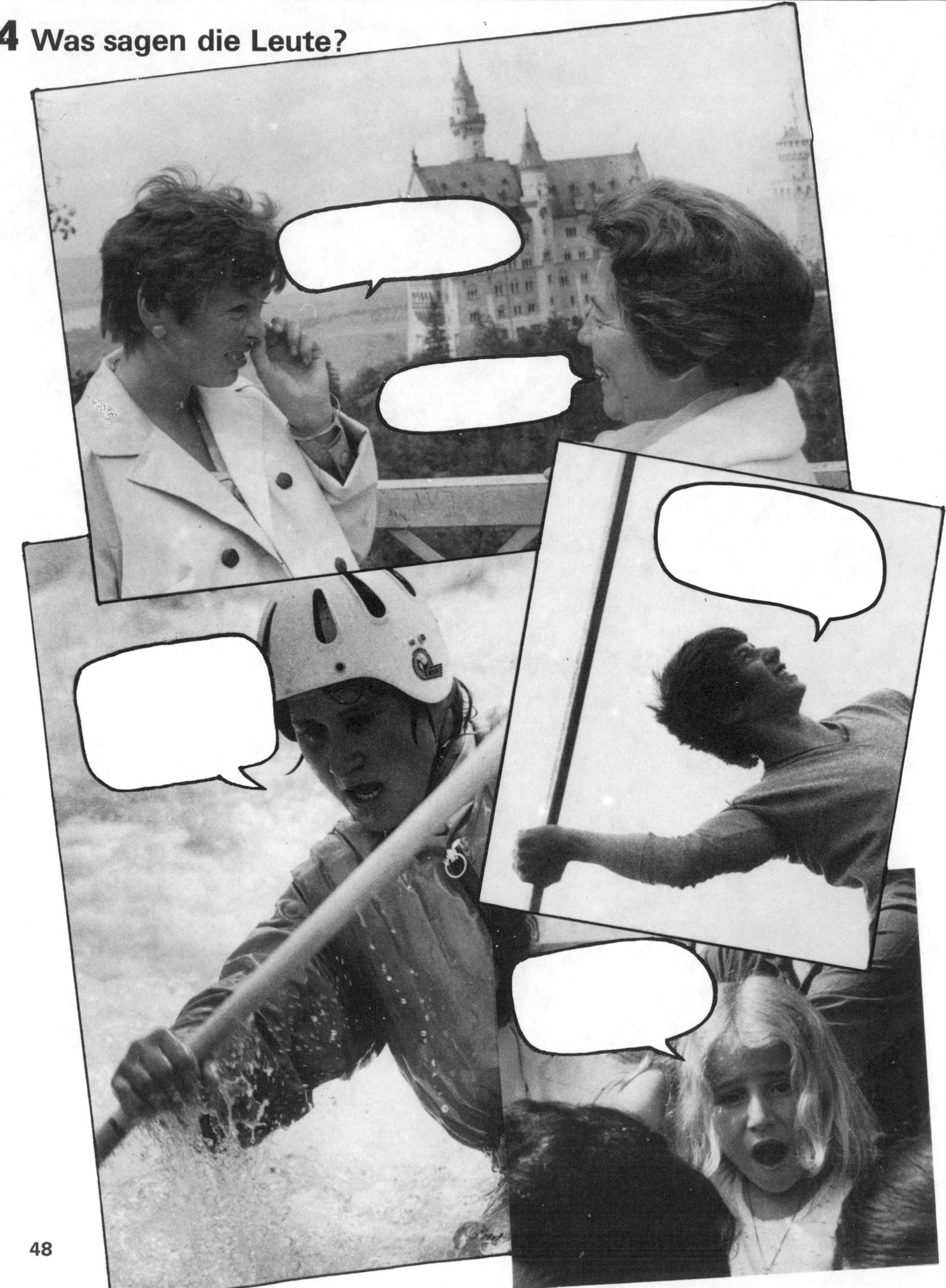

Dracula
C
1, 2, 3, 4 Dra - cu - la, 5, 6, 7, 8
G
Dra - cu - la er - wacht, er - wacht um Mit - ter - nacht. Die
C
Uhr schlägt zwölf, ich hör es schon: Dra - cu - la am
F7
Te - le - fon. Es klap - pert sein Ge - biß, es
C
klap - pert sein Ge - rüst. Die Lei - chen tan - zen Ro - ck'n Roll bei
G7
C
Nacht, bei Nacht, bei Nacht im Mon - den - schein.
Dong
Dong

1

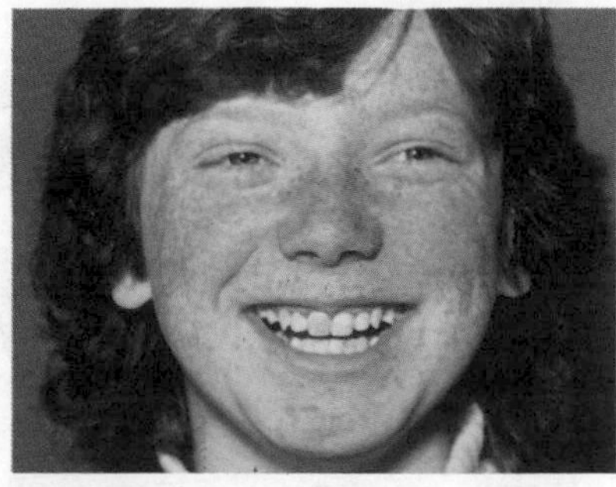

① **Dieter Goedecke**
Alter: 15 Jahre
Größe: 1,72 m
Haare: braun
Augen: blau
Geschwister: 1 Bruder, 1 Schwester
Hobbys: Musik hören
Lieblingsfächer: Sport, Englisch

② **Petra Beikirch**
Alter: 14 Jahre
Größe: 1,65 m
Haare: rotbraun
Augen: hellblau
Geschwister: 1 Bruder
Hobbys: Reiten, Gitarre spielen
Lieblingsfächer: Deutsch, Musik, Sport

③ **Ertürk Hassan**
Alter: 15 Jahre
Größe: 1,58 m
Haare: schwarz
Augen: braun
Geschwister: 2 Brüder, 1 Schwester
Hobbys: Fußball spielen
Lieblingsfächer: Sport, Technik

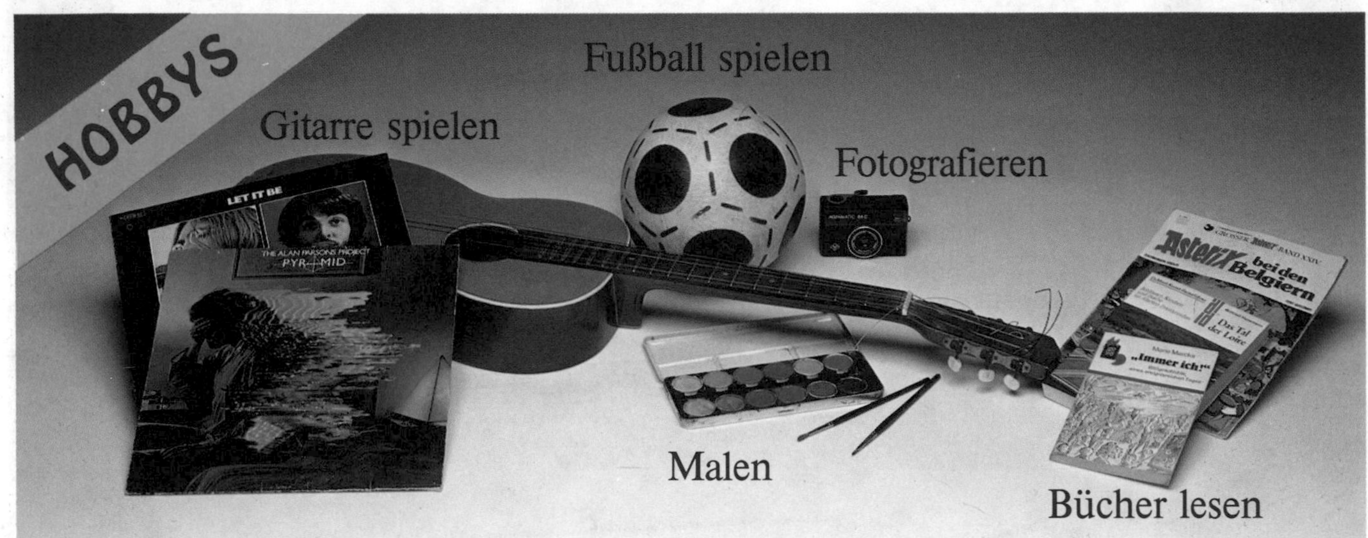

Er/Sie heißt .....
Er/Sie ist ..... (Jahre alt).
Er/Sie ist einen Meter ..... groß. Er/Sie ist eins ......
Seine/Ihre Haare sind ...... Er/Sie hat ..... Haare.
Seine/Ihre Augen sind ...... Er/Sie hat ..... Augen.
Er/Sie hat ..... Bruder/Schwester/Brüder/Schwestern/Geschwister.
Sein/Ihr Hobby ist ...... Seine/Ihre Hobbys sind ......
Sein/Ihr Lieblingsfach ist ...... Seine/Ihre Lieblingsfächer sind ......

Ü1 Bitte beschreiben:

Personen ① – ⑥.

Ü2 Und du?

Name, Alter, Größe, Haare, Augen, Geschwister, Hobbys, Lieblingsfächer .....?

Ü3 Bitte beschreiben:

deinen Freund, deine Freundin;
deinen Lehrer, deine Lehrerin;
deinen Bruder, deine Schwester oder deinen Vater, deine Mutter.

④ **Bettina Tscholl**
Alter: 14 Jahre
Größe: 1,64 m
Haare: dunkelbraun
Augen: blaugrün
Geschwister: 1 Bruder, 1 Schwester
Hobbys: Lesen
Lieblingsfächer: Deutsch, Englisch

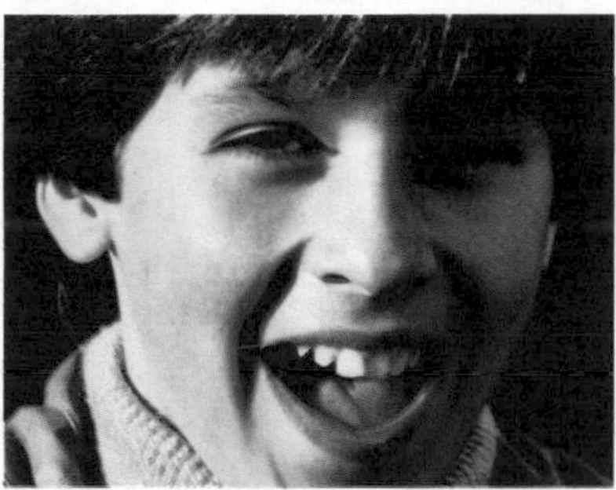

⑤ **Marc Leis**
Alter: 14 Jahre
Größe: 1,58 m
Haare: braun
Augen: graublau
Geschwister: 1 Schwester
Hobbys: Briefmarken sammeln, Platten hören, Fußball spielen
Lieblingsfächer: Kunst, Mathematik

⑥ **Claudia Schmidt**
Alter: 16 Jahre
Größe: 1,70 m
Haare: blond
Augen: grün
Geschwister: 1 Schwester
Hobbys: Malen, Fotografieren
Lieblingsfächer: Kunst, Erdkunde, Sozialkunde

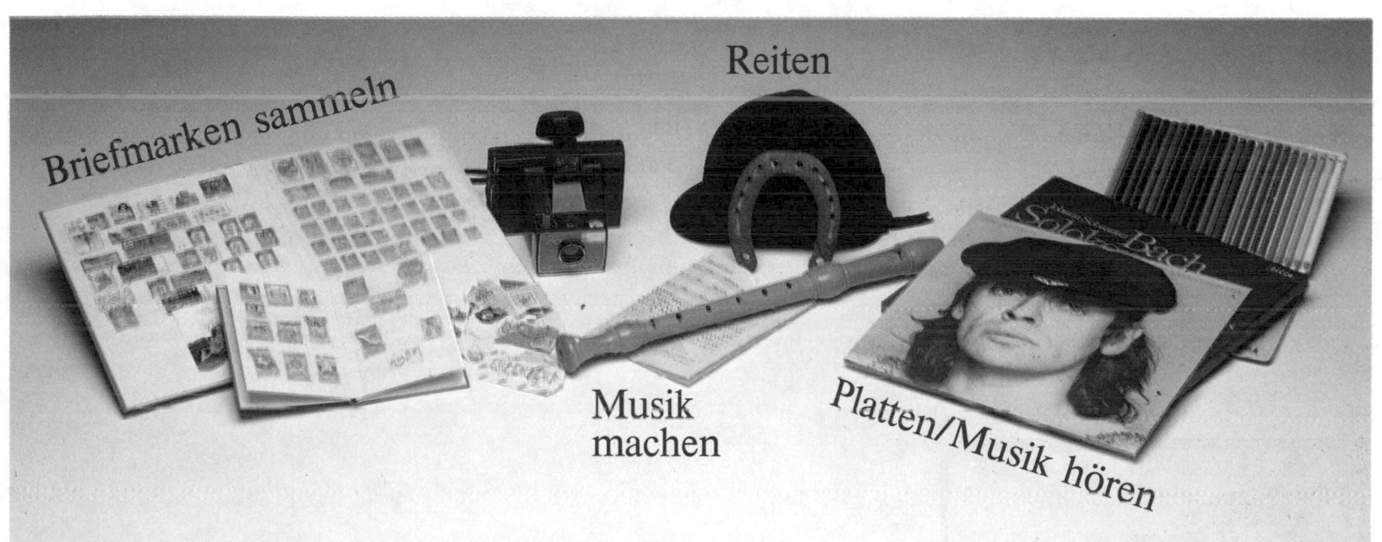

Dieter	hat	Sport	gern.
	hat	Mathematik	nicht gern.
	mag	Sport	ganz besonders.
	mag	Mathematik	überhaupt nicht.
	findet	Sport	Klasse. Spitze. stark.
	findet	Mathematik	blöd. doof. langweilig.
Dieter	interessiert sich sehr für	Musik.	
	interessiert sich nicht für	Sozialkunde.	

Ü4 Und Petra? Marc? Claudia? Ertürk? Bettina?

Ü5 Wer ist 15? – Dieter und Ertürk sind 15.

Wer ist 14? – .....
.....? – .....
Wer ist 1,64? – Bettina ist einsvierundsechzig.
Wer ist 1,72? – .....
Wer ist 1,70? – .....
Wer ist 1,58? – ..... und .....
..... 1,65? – .....

Ü6 Wer ist das?

Seine Augen sind braun. – Ertürk.
Ihre Haare sind rotbraun. – .....
Seine Augen sind hellblau. – .....
Ihre Augen sind blaugrün. – .....
Ihre Haare sind blond. – .....
Seine Haare sind braun. – ..... und .....
Er hat einen Bruder und eine Schwester. – .....

Ü7 Hobbys

Wer hört gern Musik? – Dieter und Marc.
Wer sammelt Briefmarken? – .....
Wer spielt gern Fußball? – .....
Wer fotografiert gern? – .....
Wer interessiert sich für Malen? – .....

Wer spielt Gitarre? – .....
Wer findet Bücher Klasse? – .....
Wer mag Platten? – .....
.....

Ü8 Und du?

Was findest du	Klasse? doof? interessant? ....

—

Ich finde ..... Ich interessiere mich (nicht) für ..... Ich mag ..... gern. Ich mag ..... überhaupt nicht. Ich habe ..... (nicht) gern.

Ü9 Fragen zu Rocky

Name: Rocky
Alter: 99 Jahre
Größe: 1,24 m
Haare: schwarz
Augen: grün
Geschwister: 1 Schwester, 1 Bruder
Hobbys: Musik (Radio hören), Malen
Lieblingsfächer: Marsografie

Wie heißt er? – .....
Wie ..... ist .....? – .....
.....? – .....
Sind seine Haare .....? – .....!
.....? – .....
Wie viele .....? – .....
.....? – .....
.....? – .....

Farben

2

Ü10 In deiner Klasse:

Was ist	blau	schwarz
	orange	weiß
	gelb	grün
	braun	rot

Die Rakete ist blau.
Mein Vater ist rot.
Der Himmel ist weiß.
Die Wolke ist grün.
Der Mond ist gelb.
Die Bäume sind orange.

3

Sportarten

Rocky findet Schwimmen gut.
Radfahren besser.
Schifahren am besten.

Rocky hat Schifahren gern.
Tanzen lieber.
Fußball am liebsten.

Ü11 Was ist was?

Nummer 1 ist 

Nummer 2 .....
Nummer .....
.....

Ü12

Welche Sportarten hat | Petra / Marc / Claudia / Ertürk / Bettina / Dieter | gern? / am liebsten?

Ü13 C2

Welche Sportart findest
du | gut/besser/am besten?
blöd/doof/langweilig?

Ü14 **Piktogramme – Olympische Spiele: Was ist was?**

① ⑤ ⑨
② ⑥ ⑩
③ ⑦ ⑪
④ ⑧ ⑫

- Basketball
- Bogenschießen
- Boxen
- Fußball
- Handball
- Hockey
- Judo
- Leichtathletik/ Laufen
- Radfahren
- Reiten
- Ringen
- Volleyball

Nr. 1 ist Volleyball.

Ü15 **Welche Sportarten sind in deinem Land besonders populär?**

Ü16 **Interview in deiner Klasse:** C2

NAME	HOBBY 1	HOBBY 2	HOBBY 3
Klaus	Radfahren gern	Schilaufen lieber	Fußball am liebsten

1 Was ich besonders gern habe

Name: Jutta Mattheus
Alter: 15 J., Größe: 172 cm
Haare: blond, Augen: blau
Geschwister: 1 Bruder
Hobbys: Tennis
Lieblingsfächer: Musik

Was ich besonders lieb habe?

– Meine Tiere,
meinen Freund,
meinen Bruder.
Meinen Hund,
der Taiger heißt,
liebe ich ganz besonders.
Besonders lieb habe ich auch,
wenn mein Freund zu mir
lieb ist.

Ü17 Erzähle von Jutta:

Wie alt ist sie? Wie groß ist sie? Ihre Haare? Ihre Augen?
Was hat sie gern? + Tennis, Musik
++ Hund Taiger
+ Bruder
++ Freund

2 Was ich besonders mag: Tischtennis

Name: Jörg Trachte
Alter: 15 J., Größe: 176 cm
Haare: blond, Augen: grün
Geschwister: 1 Bruder
Hobbys: Tischtennis, Radfahren
Lieblingsfächer: Sp, E

Am liebsten immer Tischtennis

Mein Lieblingssport ist Tischtennis. Seit zwei Jahren spiele ich in einem Tischtennis-Verein in der Jugendmannschaft. Radfahren, Volleyballspielen und Musik hören finde ich auch gut. Aber am liebsten würde ich in meiner Freizeit nur Tischtennis spielen. Das kann ich aber leider nicht, weil wir zu Hause keinen Platz für eine Tischtennisplatte haben.

Ü18 Erzähle von Jörg:

Wie alt ist er? Wie groß ist er? Seine Haare? Seine Augen?
Was mag er besonders? + Radfahren
+ Volleyballspielen
+ Musik hören
+ Englisch
+++ Tischtennis

1. Adjektive im Satz

Sie ist groß.

Er ist nicht groß.

Sie ist sehr interessant.

Er ist nicht langweilig.

Sie sind gut!

Sie sind Klasse!

Sie sind Spitze!!

2. Steigerung

Was hast du gern?	Was findest du gut?
Was hast du lieber?	Was findest du besser?
Was hast du am liebsten?	Was findest du am besten?

3. sich für etwas interessieren

Ich	interessiere	mich	für Briefmarken.
Du	interessierst	dich	für Fußball.
Er	interessiert	sich	für Judo.
Sie	interessiert	sich	für Reiten.
Wir	interessieren	uns	für Rudern.
Ihr	interessiert	euch	für Boxen.
Sie	interessieren	sich	für Hockey.

Ü19 Fragen: Wer?, Was?, Wo?, Woher?, Wie?

Ü20

Interessierst du dich für Briefmarken? – Ja, sehr.
Radfahren? – Nein.
Tanzen? – Ich weiß nicht.
Lesen? – Nein, ich interessiere mich für .....
Fotografieren? – .....
..... – .....

1 Verabredungen

ÖFFNUNGSZEITEN

SCHWIMMBAD			WARMBAD 29° C
DIENSTAG	8.00 - 11.00	14.00 - 21.30	NORMAL 26° C
MITTWOCH	9.00 - 11.00	14.00 - 18.00	
DONNERSTAG	10.00 - 12.00	14.00 - 17.30	
FREITAG	7.00 - 11.00	15.00 - 17.00	
SAMSTAG	8.00 -	15.00	

① ○ Wann gehen wir schwimmen?
● Am Mittwoch?
○ Um drei?
● Nein, das geht nicht.
○ Um vier?
● Gut, einverstanden.

② ○ Kommst du am Freitag?
● Das geht nicht.
○ Warum nicht?
● Ich spiele Fußball.
○ Und am Donnerstag?
● Ja, das geht.

③ ○ Gehen wir am Samstag?
● O.K. Wann?
○ Um zwei?
● Nein, am Nachmittag kann ich nicht.
○ Wann kannst du denn?
● Um neun oder zehn.
○ Schade, da geht's nicht.
● Und am Freitag? Um zehn?
○ Prima, das geht.
● Tschüs bis Freitag!
○ Tschüs!

?	−	+
Kommst du am Freitag? Am Mittwoch? Um vier? Wann?	Nein. Nein, das geht nicht. Schade, da geht's nicht.	Gut, einverstanden. Ja, das geht. Prima, das geht. O.K.

Ü1

Ü2

Ü3

- ○ Kannst du am Sonntag?
- ● Nein.
- ○ Warum nicht?
- ● Ich spiele Fußball.

2 Die Uhrzeit

Es ist ein Uhr. / Es ist eins.
Es ist zwei Uhr. / Es ist zwei
Es ist drei Uhr. / Es ist drei.

Es ist halb sechs.
Es ist halb sieben.
Es ist halb acht.

Es ist zehn (Uhr). ..... Viertel nach zehn. ..... halb elf. .....Viertel vor elf. ..... Viertel nach elf.

fünf Uhr zweiunddreißig

zwölf Uhr drei

null Uhr siebzehn

acht Uhr zweiunddreißig

 ①

○ Wie spät ist es, bitte?

● Es ist drei nach neun.

Wie spät ist es, bitte? – (Es ist) eins.
(Es ist) zwei Uhr.
(Es ist) halb sechs.
Viertel vor/nach elf.
(Es ist) null Uhr siebzehn.

Wann kommst du (an)? – Ich komme um acht Uhr (an).
drei vor elf (an).
22 Uhr 1 (an).

○ Wann kommst du?
● Ich komme um ein Uhr.

Ü4 Am Telefon

○ Wann kommst du (an)?

● Ich komme um acht Uhr siebenundfünfzig (an).

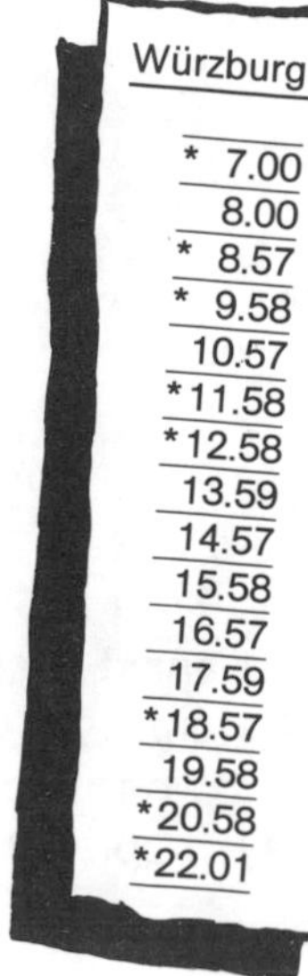

Würzburg ar
* 7.00
8.00
* 8.57
* 9.58
10.57
*11.58
*12.58
13.59
14.57
15.58
16.57
17.59
*18.57
19.58
*20.58
*22.01

Renates Wochenplan

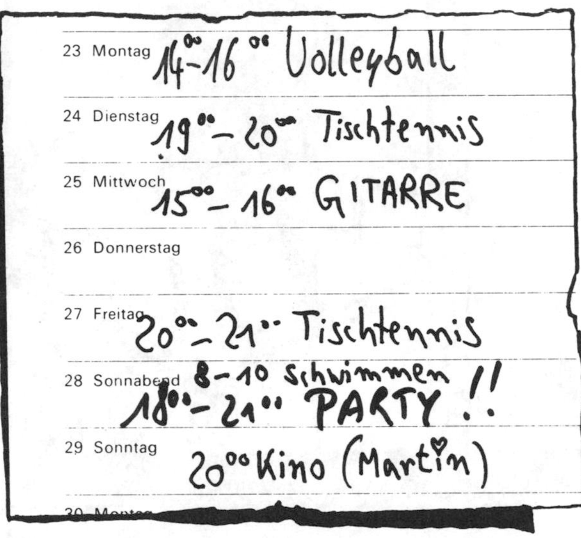

(1)
○ Wann hast du Volleyball?
● Am Nachmittag.
○ Wie lange spielst du?
● Zwei Stunden. Von zwei bis vier.

(2)
○ Ich gehe am Samstag auf die Party.
● Wie lange dauert die?
○ Drei Stunden. Von sechs bis neun.

(3)
○ Wie oft spielst du Volleyball?
● Einmal in der Woche.
○ Wie oft spielst du Tischtennis?
● Zweimal in der Woche. Am Dienstag und Freitag.

Wann hast du Volleyball? – Am	Morgen. Vormittag. Mittag. Nachmittag. Abend.	Montag. Dienstag. Mittwoch. Donnerstag. Freitag. Samstag. Sonntag.

Wie lange spielst du? – Zwei Stunden. Von zwei bis vier.

Wie oft spielst du? – Einmal./Zweimal./.....
Selten.
Manchmal.
Oft.

Ü5

○ Wann hast du Mathe?/.....
● Am ..... und am ..... .

Ü6 C2

○ Wie oft hast du Englisch?
● Dreimal in der Woche. Am ..... und am ..... .

Ü7

○ Ich gehe jetzt *Tischtennis spielen.*
● Wie lange dauert das?
○ *Zwei Stunden.* Von ..... bis ..... .

Fußball spielen	– drei Stunden
Basketball spielen	– eine halbe Stunde
Rollschuh laufen	– zweieinhalb Stunden
radfahren	– eine Stunde
Gitarre spielen	– zehn Minuten
Flöte spielen	– eine Stunde

1

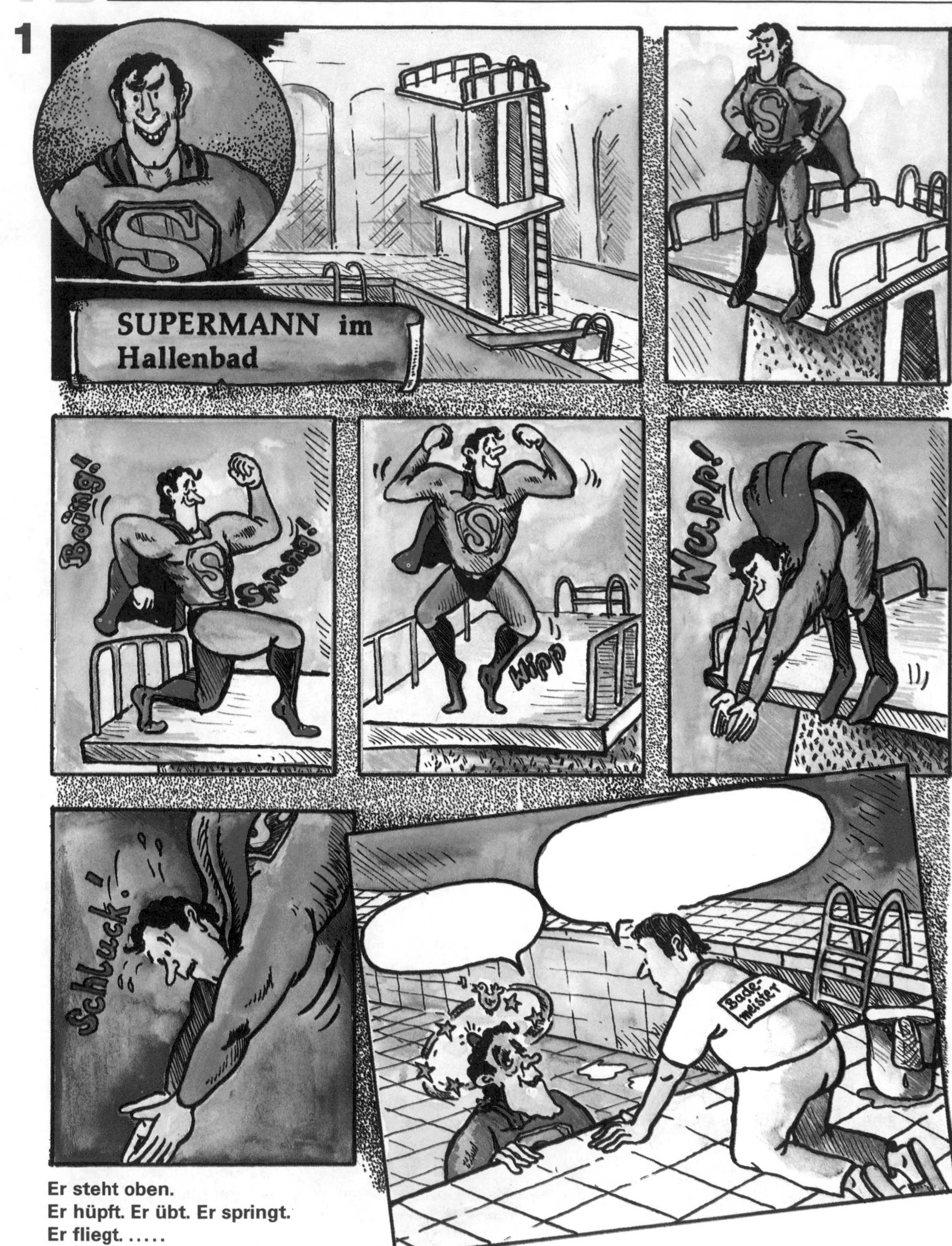

Er steht oben.
Er hüpft. Er übt. Er springt.
Er fliegt. .....

2

Was tut weh?
Was ist kaputt?
Was ist gebrochen?

das Auge	– ein Auge	– zwei Augen	das Gesicht	– ein Gesicht	
das Ohr	– ein Ohr	– zwei Ohren			
das Kinn	– ein Kinn				
der Mund	– ein Mund				
die Nase	– eine Nase				
der Arm	– ein Arm	– zwei Arme	der Kopf	– ein Kopf	
die Hand	– eine Hand	– zwei Hände	der Hals	– ein Hals	
das Bein	– ein Bein	– zwei Beine	die Schulter	– eine Schulter	– zwei Schultern
das Knie	– ein Knie	– zwei Knie	die Brust		
der Fuß	– ein Fuß	– zwei Füße	der Bauch	– ein Bauch	
			der Finger	– ein Finger	– zehn Finger
			die Zehe	– eine Zehe	– zehn Zehen

3

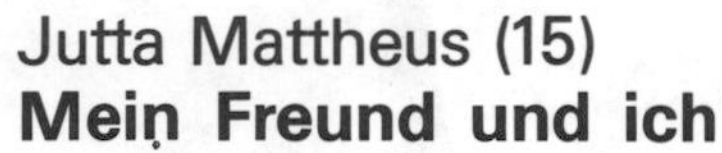

Jutta Mattheus (15)
Mein Freund und ich

Mein Freund heißt Michael, er ist 17 Jahre alt. Ich kenne ihn schon seit Jahren.

Wenn die Clique* bei mir zu Hause ist, hören wir auch viel Musik. Um 19 Uhr müssen sie aber spätestens aus dem Haus sein, weil dann meine Eltern kommen.

Abends besuche ich gern meinen Freund. Samstags muß ich um halb zwölf spätestens zu Hause sein. Sonst aber schon um Viertel nach neun.

Mein Bruder ist 20 Jahre alt. Wir unternehmen* viel, fahren mit seinem Motorrad weg. Am Wochenende fahren wir ins Grüne* oder in die Diskothek.

Wochentags kann ich mit meinem Bruder leider nichts unternehmen.

Dreimal in der Woche habe ich Training.

In meiner restlichen Freizeit trinke ich mit meiner Clique Tee. Fast täglich kommen sie zu mir nach Hause.

Zweimal in der Woche gehe ich zu meinen Eltern ins Geschäft putzen.

Im Monat verdiene ich etwa 200 Mark. Der Job gefällt mir gut. Von dem Geld kaufe ich mir Klamotten*, Jeans oder Pullover.

mein Freund
die Clique
ICH
mein Bruder
meine Eltern

* *Clique* = Gruppe von Freunden
* *unternehmen* = machen, tun
* *ins Grüne* = in die Natur
* *Klamotten* = Kleider

Ü8 Was gehört zusammen?

Mein Freund ist	seit Jahren.
Ich kenne ihn	verdiene ich 200 Mark.
Um 19 Uhr	gehe ich zu meinen Eltern ins Geschäft.
Abends	17 Jahre alt.
Samstags muß ich	besuche ich meinen Freund.
In der Woche muß ich	müssen sie aus dem Haus sein.
Am Wochenende	um 9 Uhr 15 zu Hause sein.
In der Woche	fahren wir ins Grüne.
Dreimal in der Woche	kann ich mit meinem Bruder nichts unternehmen.
Zweimal in der Woche	um halb zwölf zu Hause sein.
Im Monat	habe ich Training.

Ü9 **Interview mit Jutta:**

Ü10 **Wie ist es bei dir?**

– Wie oft machst du Sport? | Selten? / Manchmal? / Oft? Einmal im Monat/ in der Woche?

– Wann mußt du zu Hause sein? | Um 18 Uhr? Um 19 Uhr? Um 20 Uhr? Samstags?

– Was machst du am Wochenende?

– Was machst du in deiner Freizeit?

– Was ist mit Geld?

– Wie oft ist dein Freund/ deine Freundin bei dir? | Jeden Tag? Zweimal in der Woche? Am Samstag?

1. Personalpronomen: Akkusativ

Jutta, wie lange kennst du **deinen Freund Michael**?	– Ich kenne **ihn** seit Jahren.
Jutta, hast du **das Training** gern?	– Ja, ich habe **es** sehr gern.
Jutta, wann siehst du **die Clique**?	– Ich sehe **sie** oft bei mir zu Hause.
Jutta, magst du **deine Eltern**?	– Ja, ich mag **sie** sehr gern.

2. Fragen nach der Zeit: wann?, wie lange?, wie oft?

a) **Zeitpunkt: Wann?**	– Am Montag. / Am Vormittag. / Um 8 Uhr 23. / Um halb zehn.
b) **Zeitdauer: Wie lange?**	– Von drei bis sechs (Uhr). / Drei Stunden.
c) **Zeitwiederholung: Wie oft?**	– Einmal/Zweimal ..... in der Woche.

8A

1 Unterwegs

○ Woher kommst du? Aus Deutschland?

Ja, aus Unna. Das liegt bei Dortmund. Ihr sprecht Deutsch?

○ Ja. Wohin willst du? Zeig mal die Karte!

Ich will weiter nach Süden.

○ Wohin bitte?

Nach Süden, ans Meer. – Wo geht's denn hier zur Autobahn?

○ Hier geradeaus und dann die – Moment – vierte Straße links.

Danke.

○ Wie lange bist du schon unterwegs?

Seit zwei Wochen.

○ Trampst du allein?

Ja, das geht besser. Wir sind fünf Freunde. Wir treffen uns am Meer.

○ Toll! Übrigens: "Wie komme ich zur Autobahn?" heißt . . . . . .

Vielen Dank! Tschüs!

Woher kommst du? – (Ich bin) aus . . . . . . Das liegt bei/in . . . . . .

Wohin willst du? – (Ich will) nach . . . . . .

Seit wann Wie lange	bist du schon unterwegs? – Seit	. . . . . Tagen/Wochen. dem zweiten Juli.

Ü1

- ● Woher kommst du?
- ○ Aus Frankfurt.
- ● Wohin willst du?
- ○ Nach Marseille.
- ● Wie lange bist du schon unterwegs?
- ○ Seit zwei Tagen.

WOHER?	WOHIN?	WIE LANGE?
Frankfurt	Marseille	seit 2 Tagen
Buxtehude	Athen	4 Wochen
Düsseldorf	Barcelona	10 Tagen
Augsburg	Stockholm	14 Tagen
Dortmund	Amsterdam	15 Stunden
Göttingen	Verona	7 Wochen
Traunstein	.....	24 Stunden
.....	Istanbul	.....

Ü2 **Wörter und Ausdrücke in deiner Sprache für Touristen aus Deutschland: Was ist wichtig?**

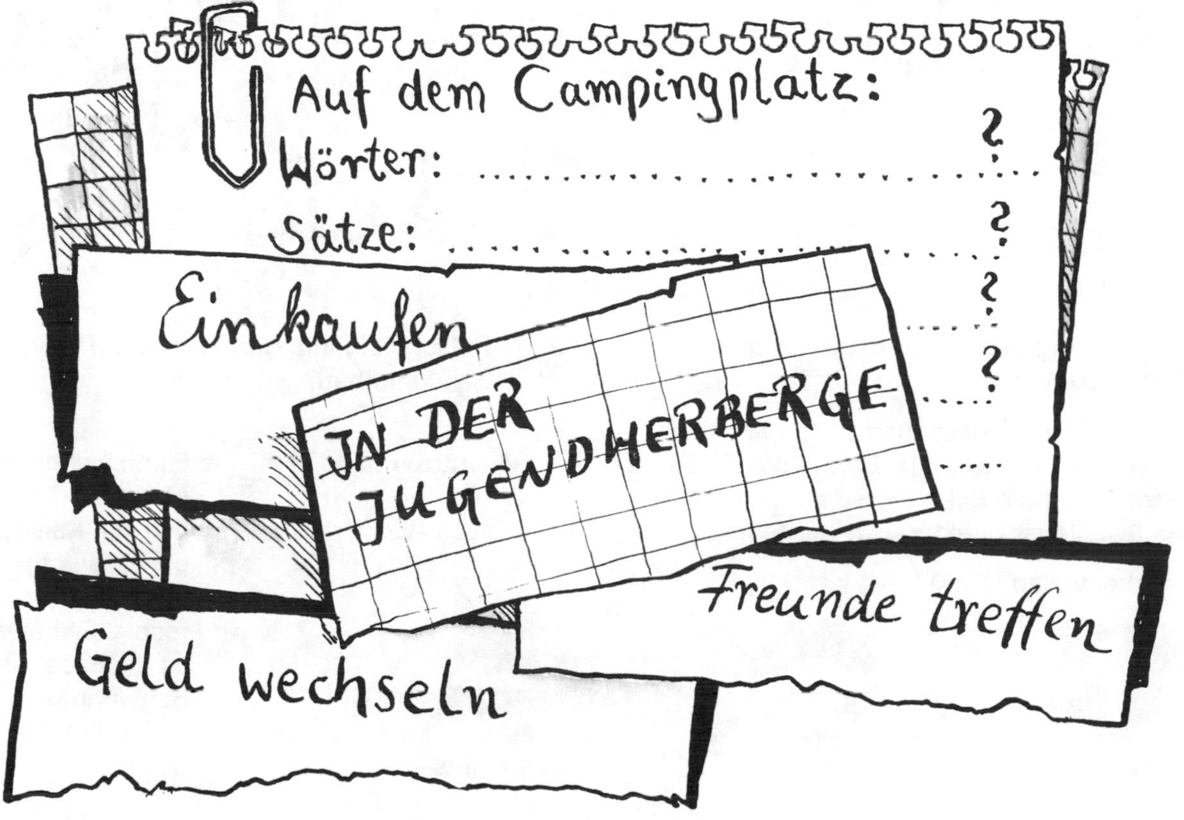

2 Orientierung in der Stadt

① ○ Entschuldigung, wie komme ich zur Bushaltestelle?

● Also hier geradeaus, und dann nach links über den Rathausplatz. Dann etwa 200 Meter geradeaus, die Schulstraße entlang. Die Bushaltestelle ist direkt neben der Schule.

○ Danke, vielen Dank!

geradeaus

nach links

nach rechts

② ○ Entschuldigung, gibt es hier ein Schwimmbad?

● Tut mir leid, ich bin nicht von hier.

● Ein Schwimmbad? Ja, Moment: Da gehst du hier die Kaiserstraße geradeaus bis zum Waldweg, dann rechts. Die erste links ist die Badstraße. Das Schwimmbad ist gleich links an der Ecke.

Ü3

○ Entschuldigung, gibt es hier ein Jugendzentrum?
● Ein Jugendzentrum? Ja, du gehst hier .....

○ Entschuldigung, wie komme ich zur Touristen-Information?
● Zur Tourist-Info? Die ist am Rathaus. Also zuerst .....

○ Entschuldigung, wo ist das nächste Kaufhaus?
● .....

○ Entschuldigung, wo ist bitte die Goethe-Schule?
● .....
○ .....

Ü4 **Entschuldigung, wie komme ich .....**

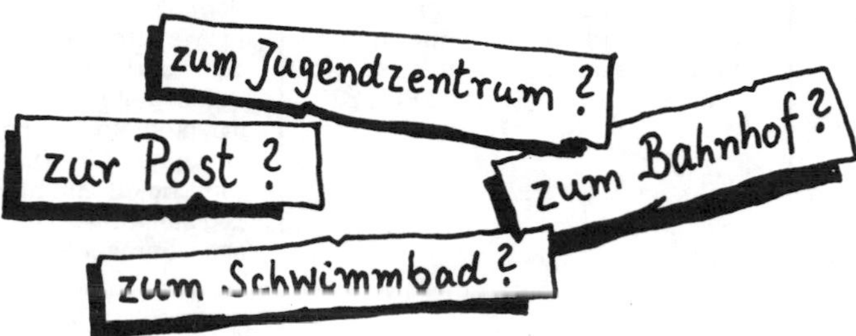

Ü5 **Entschuldigung, wo ist bitte .....**

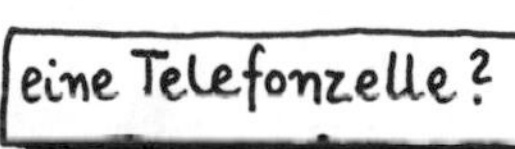

das Stadion?

Ü6 **Auskunft auf der Straße:** C1

Du bist fremd in der Stadt.
Du fragst nach dem Bahnhof: .....
nach der nächsten Telefonzelle: .....
nach der Polizei: .....
nach einer Bank: .....
nach dem Rathaus: .....
nach einer Tankstelle: .....
.....

Ü7 **Fragen und Antworten:**

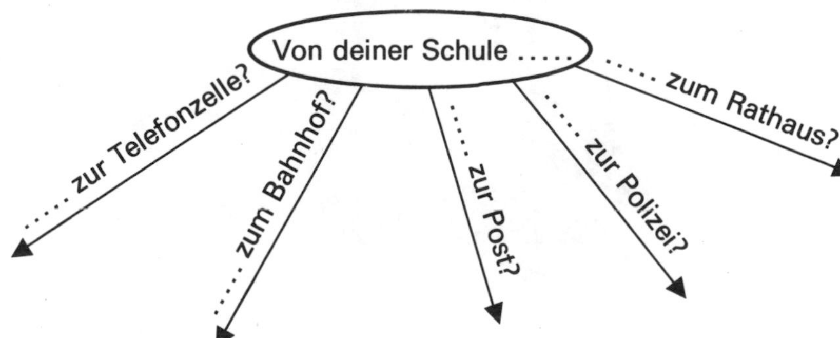

Hier geradeaus und ...

8B

1

● Tramper-Monats-Ticket

Ein „Tramper-Monats-Ticket“ ist ein tolles Angebot der Bundesbahn für reiselustige junge Leute: Mit diesem Ticket können Jugendliche bis 22 Jahre, Schüler und Studenten bis zum vollendeten 26. Lebensjahr einen ganzen Monat lang kreuz und quer durch die Bundesrepublik fahren, so oft und so viel sie wollen. Für 225 Mark.

● Inter-Rail

Für die großen Ferien in Europa gedacht ist das „Inter-Rail-Tikket“. Es kostet 440 Mark. Mit diesem Ticket zahlen Jugendliche bis unter 26 Jahren innerhalb der Bundesrepublik nur noch den halben Normalpreis für Bahnfahrten, in 19 weiteren europäischen Ländern und in Marokko aber gar nichts mehr – einen ganzen Monat lang und ohne Kilometerbegrenzung! Ein Tip: Wer mit diesem Ticket nachts fährt und im Zug schläft, spart auch noch manche Übernachtung.

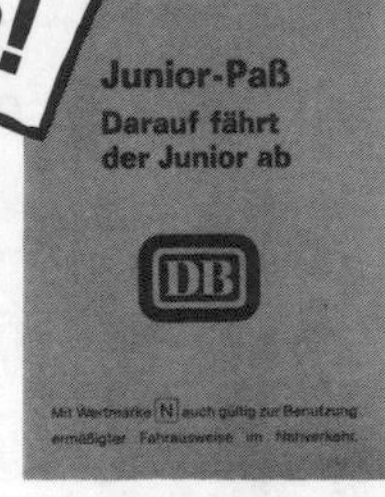

● Junior-Paß

Der „Junior-Paß“ ist für Jugendliche von 12–22 Jahren, ferner für Schüler und Studenten bis zum vollendeten 26. Lebensjahr gedacht, und ist eine günstige Sache für Leute, die das ganze Jahr über viel auf Tour gehen. Der „Junior-Paß“ gilt deshalb ein Jahr lang und kostet 100 Mark. Dafür erhält man 50 Prozent Ermäßigung des gewöhnlichen Fahrpreises für 1. und 2. Klasse und für Fahrten ab 51 km. Dazu noch ein wichtiger Hinweis: Der „Junior-Paß“ kann auch von anderen Leuten gekauft und an Junioren verschenkt werden. Das wäre doch mal eine Anregung für ein Geburtstagsgeschenk!

Ü8 Gibt es diese Tickets auch in deinem Land?

Ü9 Was gehört zusammen?

- Mit dem "Tramper-Monats-Ticket" reisen junge Leute
- Der "Junior-Paß" ist für Jugendliche von 12 bis 22 Jahren.
- Du kannst den "Junior-Paß"
- Das "Inter-Rail-Ticket"
- Mit dem "Inter-Rail-Ticket" nachts fahren heißt:
- Mit "Inter-Rail-Tickets" zahlen deutsche Jugendliche innerhalb der Bundesrepublik den halben Preis,
- Mit dem "Junior-Paß"

- Er gilt ein Jahr und kostet 100 DM.
- in 19 europäischen Ländern und in Marokko gar nichts.
- Übernachtungen sparen.
- bekommen Jugendliche 50% Ermäßigung.
- auch verschenken!
- für 225 DM einen Monat lang durch die Bundesrepublik.
- kostet 440 DM und gilt einen Monat.

Ü10 Diskussion: Trampen oder Bahnfahren?

Trampen		Bahnfahren	
+	–	+	–

Ü11

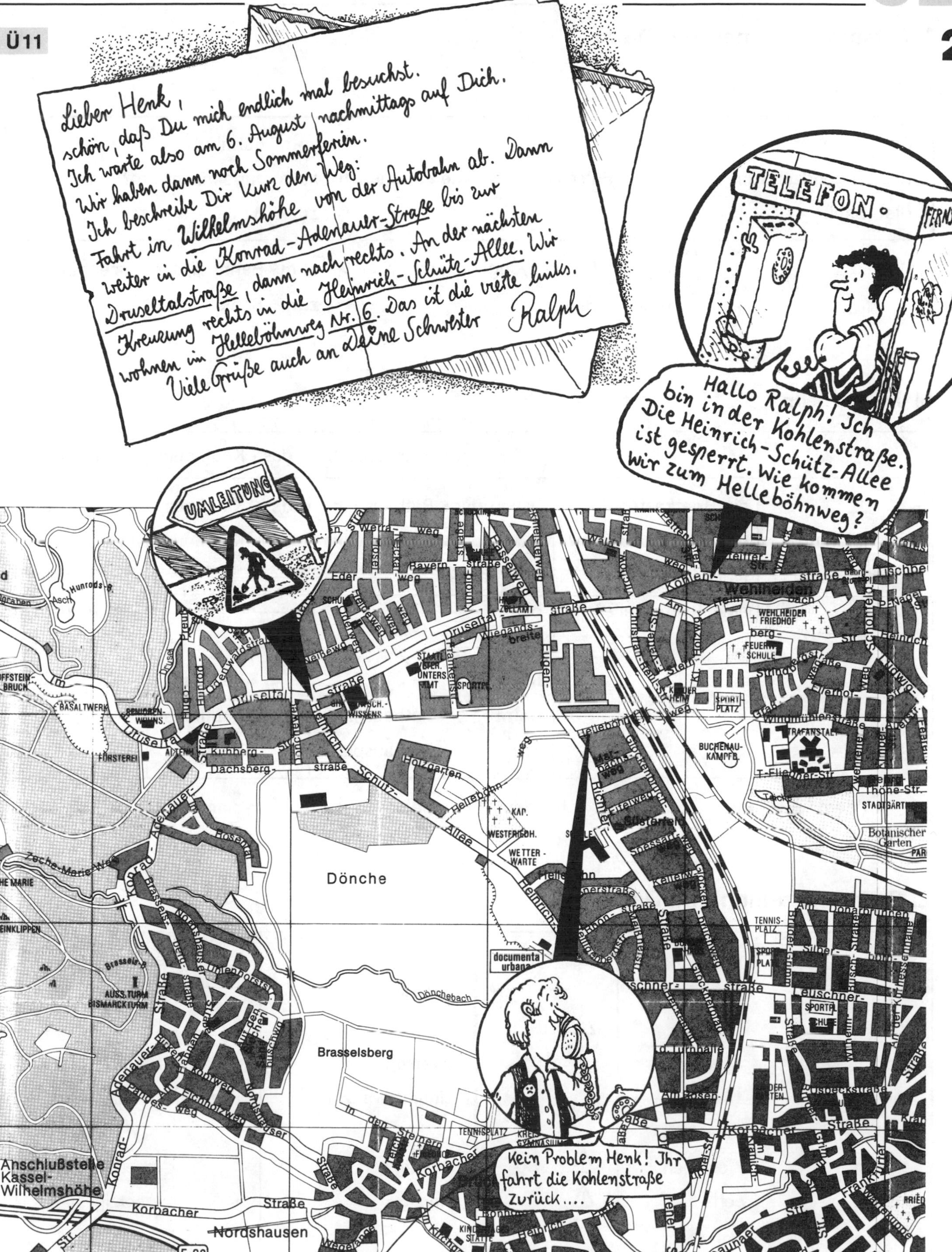
Lieber Henk,
schön, daß Du mich endlich mal besuchst.
Ich warte also am 6. August nachmittags auf Dich.
Wir haben dann noch Sommerferien.
Ich beschreibe Dir kurz den Weg:
Fahrt in Wilhelmshöhe von der Autobahn ab. Dann
weiter in die Konrad-Adenauer-Straße bis zur
Druseltalstraße, dann nach rechts. An der nächsten
Kreuzung rechts in die Heinrich-Schütz-Allee. Wir
wohnen im Helleböhnweg Nr. 6. Das ist die vierte links.
Viele Grüße auch an Deine Schwester Ralph
TELEFON
Hallo Ralph! Ich bin in der Kohlenstraße. Die Heinrich-Schütz-Allee ist gesperrt. Wie kommen wir zum Helleböhnweg?
UMLEITUNG
Kein Problem Henk! Ihr fahrt die Kohlenstraße zurück....
Dönche
Brasselsberg
Wehlheiden
Anschlußstelle Kassel-Wilhelmshöhe
Korbacher Straße
Nordshausen
E 63
documenta urbana
Botanischer Garten

1. Ortspräpositionen mit Dativ

a) zum, zur

der	Bahnhof		zum	Bahnhof?
das	Jugendzentrum	Entschuldigung, wie komme ich	zum	Jugendzentrum?
die	Bank		zur	Bank?

zu dem Bahnhof/Jugendzentrum → **zum** Bahnhof/Jugendzentrum

zu der Bank → **zur** Bank

b) im, am, beim

			der	Rathausplatz	das	Kaufhaus	die	Ringstraße
	ein Briefkasten?	neben	dem	Rathausplatz	dem	Kaufhaus	der	Ringstraße
Entschuldigung,	das Jugendzentrum?	auf	dem	Rathausplatz	dem	Kaufhaus	der	Ringstraße
wo ist hier	eine Uhr?	in	---		---		der	Ringstraße
	eine Telefonzelle?	bei	---		---		der	Ringstraße
		an	---		---		der	Ringstraße
		im	---			Kaufhaus	--	
		beim		Rathausplatz		Kaufhaus	--	
		am		Rathausplatz		Kaufhaus	--	

in dem → **im** bei dem → **beim** an dem → **am**

2. Ordnungszahlen und Datum

eins	am ersten	⚠	sechzehn	am sechzehn-**t**-en
zwei	zwei-**t**-en		siebzehn	siebzehn-**t**-en
drei	dritten	⚠	.....	.....
vier	vier-**t**-en		zwanzig	zwanzig-**st**-en
fünf	fünf-**t**-en		einundzwanzig	einundzwanzig-**st**-en
sechs	sechs-**t**-en		.....	.....
sieben	sieb-**t**-en	⚠	dreißig	dreißig-**st**-en
acht	acht---en	⚠	vierzig	vierzig-**st**-en
.....	.....		.....	.....

Ü12 **Hermann auf dem Weg nach Süden.
Sein Terminplan:**

Am 3.8. trampt er von Dortmund nach München.
Am ..... ist er in ..... .
Am ..... trifft er ..... in ..... .
.....

Ü13 **In der Stadt (S. 68): Was ist wo?**

Polizei	in	Schule
Briefkasten		Kaufhaus
Tourist-Info	auf	Rathausplatz
Telefonzelle		Badstraße
Bank	neben	Bahnhof
Bushaltestelle		Rathaus
Schwimmbad	an	Schulstraße
Post		Bahnhofstraße

Die Post ist am Bahnhof.
Das Schwimmbad ...

Ü14 **Entschuldigung, wie komme ich**

Bahnhof / Rathaus / Schule
Bushaltestelle / Kino / Stadion
Marktstraße / Rathausplatz
Schwimmbad / Post
?

Ü15 **Leseübung**

HARRY BELAFONTE
20.11. Wiesbaden; 22.11. Köln; 24.11. Hamburg; 25.11. Hamburg; 26.11. Hamburg; 27.11. Hamburg; 29.11. Kiel; 30.11. Bremen; 2.12. Münster; 3.12. Düsseldorf

KRAFTWERK
23.11. Mannheim; 24.11. Dortmund; 25.11. Braunschweig; 26.11. Kassel; 28.11. Würzburg; 29.11. Nürnberg; 30.11. Mainz; 1.12. Karlsruhe; 2.12. Stuttgart/Böblingen; 3.12. Köln (Tournee läuft weiter)

KINKS
1.12. Hamburg; 2.12. Berlin; 3.12. Köln; 4.12. Düsseldorf; 6.12. Stuttgart; 7.12. München; 9.12. Mannheim; 10.12. Frankfurt

Stars auf Tournee

Harry Belafonte ist am ..... in ..... .
am ..... in ..... .
..... .

Die Gruppe "Kraftwerk" ist am ..... in ..... .
am ..... in ..... .
..... .

Die "Kinks" sind am ..... in ..... .
am ..... in ..... .
..... .

Ü16 **Frage deine Klassenkameraden: "Wann hast du Geburtstag?"**

9A

1 "Kann ich mal dein Mofa haben?"

○ Klaus, kann ich mal dein Mofa haben?

● Was willst du denn machen, Norbert?

○ Ich will mal schnell zu Gabi.
In zehn Minuten bin ich zurück.

● Kannst du denn fahren?

○ Natürlich!

● Du bist doch erst vierzehn.
Du darfst doch noch gar nicht fahren!

○ Ich muß aber zu Gabi, meine Schultasche holen!

● Nimm doch das Fahrrad!

○ Das dauert zu lange.

● Tut mir leid, es geht nicht.

○ Na gut, dann nehme ich eben das Fahrrad.

○ Das finde ich wirklich blöd von dir!

Kann ich mal dein Mofa haben?	Was willst du denn machen?
Ich will zu Gabi (fahren).	Kannst du denn fahren?
Ich muß zu Gabi (fahren).	Du darfst doch noch gar nicht fahren!
Ich muß meine Schultasche holen!	Nimm doch das Fahrrad!

Ü1 **Was ist richtig, was ist falsch?**

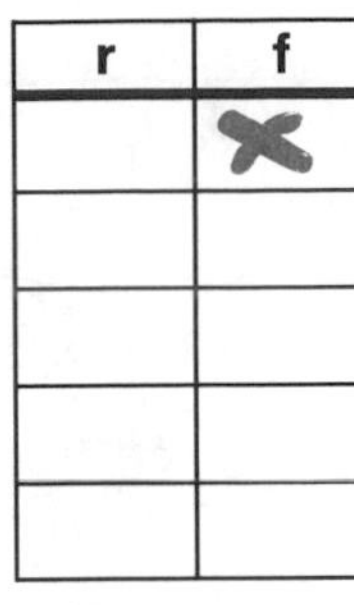

	r	f
Norbert will Gabi das Mofa mitbringen.		X
Norbert kann nicht fahren.		
Norbert ist noch nicht 15.		
Klaus will Norbert das Mofa nicht geben.		
Norbert muß die Schultasche holen.		

Ü2 ○ Hartmut, kann ich mal *deine Matheaufgaben* haben?

● Kannst du sie nicht allein machen?

○ Ich hab' keine Zeit.

● Warum nicht?

○ Ich muß *Fußball spielen.*

● Ist gut, aber sag's niemand.

○ Danke, das ist prima!

● Es geht nicht, ich darf sie dir nicht geben.

○ Blödmann, bist du immer so?

C1,2

deine Matheaufgaben / Fußball spielen	deine Englischaufgaben / Hockey spielen	dein Deutschheft / schwimmen gehen	....

Ü3 ○ *Bettina,* kann ich mal *die Stones-Platte* haben?

● Was willst du denn machen?

○ Wir haben am Samstag eine Party.

● Da möchte ich mitkommen.

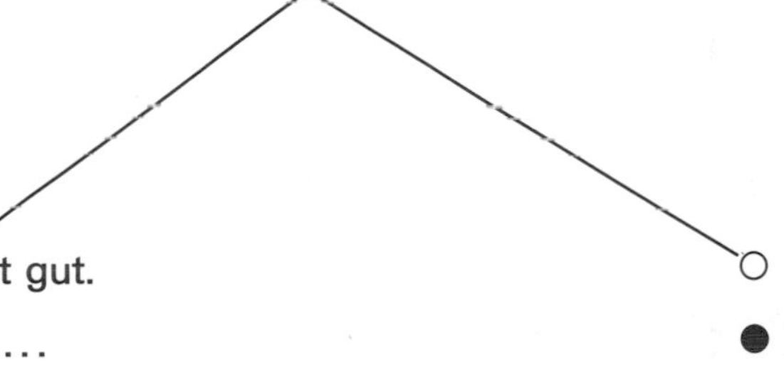

○ Ist gut.

● .....

○ Das geht nicht, wir sind schon acht!

● Dann kriegst du die *Platte* nicht.

Karin / deine Beatles-Platten
Pit / deine Cassetten
Ute / deinen Plattenspieler
Vater / den Fotoapparat
Mutter / das Mofa

Ü4 ○ Robert, kann ich mal *deinen Fußball* haben?

● Kannst du denn *Fußball spielen?*

○ Natürlich!

● Was willst du machen?

○ Ich will *mit Ute, Renate und Gabi trainieren.*

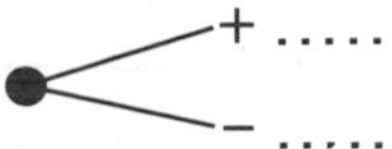

● + ...

● − .....

dein Mofa / fahren / mal schnell zu Andreas fahren
deinen Fotoapparat / fotografieren / im Sportclub fotografieren
deine Gitarre / spielen / das "Caravan-Lied" spielen
dein Wörterbuch / lesen / einen Brief schreiben
.....

2 Gebote und Verbote

STOP	Hier muß man halten. Leute von rechts und von links dürfen zuerst fahren.
	Hier darf man nicht halten. (Hier darf man nicht parken.)
	Hier darf man nicht fahren.
	Hier kann man über die Straße gehen. Autos müssen langsam fahren oder warten.
	Vorsicht! Leute von rechts und von links dürfen zuerst fahren. Vielleicht muß man warten.
H	Hier darf man nicht halten und parken. Hier halten nur Busse.

Ü5 Was machen die Leute? Was machen sie falsch?

① Das Auto muß warten. Das Mofa von links darf zuerst fahren.
Der Mann auf der Straße darf gehen.
② ....

Ü6 Was sagen die Leute auf dem Bild?

③ Der Busfahrer:

Fahren Sie weg, Sie dürfen da nicht halten!
Da halte nur ich.

Vorsicht! Sie dürfen da nicht gehen.

Der Busfahrer:

④ Der Autofahrer oben links: .....
⑤ Die Frau mit dem Hund: .....
.....

Ü7 **Bitte passende Sätze zu den Bildern suchen:**

① So ein Mist!

Ü8 **Was sagen sie?**

1

TIP-KLEINANZEIGEN • EXTRA TIP-KLEINANZEIGEN • EXTRA TIP

KLEINANZEIGEN

ockfans! Top-Angebot! Bandmasch. GX, 600 D, 80 Bänd., m. ca. 450 pielt, auß. Cass.-Rec.

Motorräder

Mofa Solo, m. Vers., VB 600,-. 89 56 42

Honda CB 50, Bj. 80, Top-Zustand, mit Vers., 1400,-. So. ab 18 Uhr. 40 29 13

Mofa zu verk., 300,-. Tel. 49 83 02

Suzuki X1E Mokick, 6000 km, Bestzustand, VB 1800,-. Tel. 0 56 05 / 14 02

Solo Mofa MS 25, 2-Gang-Handsch., 4100 km, VB 1200,-. Tel. 81 14 99

Pfaff Tretnähmaschine s. guter Zustand. Tel. 7 58 42 n. 16 Uhr

Suche Kreidler-Mofa. 0 56 01 / 8 65 68

Verk. Mofa. Tel. ab 13 Uhr 51 35 92

Mokick Garelli-Teile. 0 56 74 / 8 61

Verk. Yamaha-Mokick. Tel. 40 53 36

SW-Vergr. Opemus 5, 6×6-K neu, orig. verp., 200,- DM, Universal 2, neu, 260,- DM. T 49 23 24

Sofa, Sessel, Liege. Tel. 31 35 6

Ki.-Wagen m. div. Zub., Tragsche, Ki.-Badewanne m. Gest. 82 74 72

Judoanzug, Größe 140. Tel. 81

Gepfl. He.-Anzüge Schlafanzüge

Abk.	**= Abkürzungen:**
Mofa	= Fahrrad mit Hilfsmotor bis 25 km/h
Mokick	= Fahrrad mit Hilfsmotor bis 40 km/h
Vers.	= Versicherung
VB	= Verhandlungsbasis (wieviel das Mofa kosten soll)
So.	= Sonntag
Handsch.	= Handschaltung
verk.	= verkaufe/verkaufen
m.	= mit
Bj.	= Baujahr
s.	= sehr

Ü9 Telefonieren

○ Schmitz?
● Ist da 51 35 92?
○ Ja ..... ?
● Guten Tag. Sie haben ein Mofa in der Zeitung.
○ Ja.
● Ist das eine Yamaha?
○ Nein, eine Malaguti.
● Wie alt ist die Maschine denn?
○ Vier Jahre.
● Wie viele Kilometer hat sie drauf?
○ 2 500.

● Was kostet die denn?
○ 750 Mark.
● Das ist aber teuer!
○ Wieviel willst du denn zahlen?
● .....

2 Was will Rudi?

freundlich

immer
das Bild, die Bilder

nach Hause

die Ruhe
der Plan
nicken
einfach

Ü10 **Du kennst das Problem auch! Erzähle: Was sollst du? Was sollst du nicht? Wer sagt das?**

Mit 13, mit 15, mit 16, mit 18: So ist es in der Bundesrepublik 3

Mit dreizehn .....

..... darf man in den Ferien arbeiten;
aber: Die Eltern müssen ihre Erlaubnis geben –
und: Die Arbeit muß leicht sein.

Mit fünfzehn .....

..... kann man mit der Arbeit anfangen,
aber: Man darf nur 8 Stunden am Tag
und 5 Tage in der Woche arbeiten;

..... darf man ein Mofa fahren,
aber: Es darf nicht mehr als 25 Kilometer in der Stunde fahren;

..... darf man im Gasthaus Bier oder Wein trinken,
aber: ein Erwachsener muß dabeisein.

Mit sechzehn .....

..... darf man von zu Hause wegziehen,
aber: Die Eltern müssen ihre Erlaubnis geben;

..... darf man ein Moped fahren,
aber: Es darf nicht mehr als 40 Kilometer in der Stunde fahren;

..... darf man heiraten,
aber: Die Eltern müssen ihre Erlaubnis geben
und: Der Partner muß über 18 Jahre alt sein.

Mit achtzehn .....

..... darf man den Führerschein für ein Motorrad machen;
..... darf man seinen Namen ändern;
..... darf man ohne Erlaubnis heiraten;
..... darf man wählen;
..... darf man im Kino alle Filme sehen;
..... darf man im Gasthaus allein Alkohol trinken.

– Mit achtzehn ist man erwachsen.

Ü11 Wie ist es bei euch?

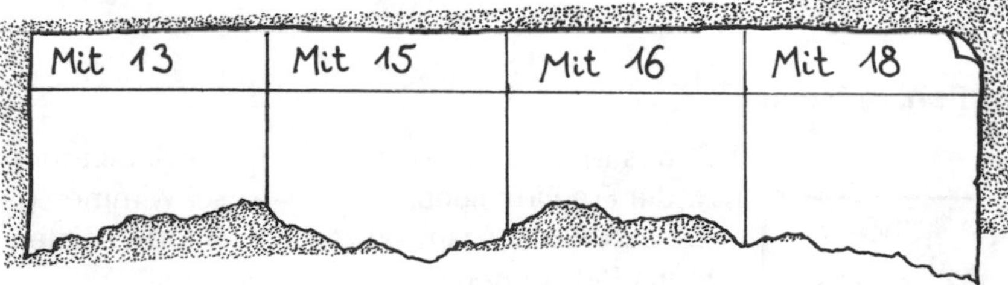

Ü12 Was darfst du nicht, was möchtest du gern?

1. Modalverben

	wollen	dürfen	können	sollen	müssen	
Sg. 1. ich	will	darf	kann	soll	muß	-
2. du	will- st	darf- st	kann- st	soll- st	muß- -t ⚠	-st
3. er	will	darf	kann	soll	muß	-
es	will	darf	kann	soll	muß	-
sie	will	darf	kann	soll	muß	-
Pl. 1. wir	woll- en	dürf- en	könn- en	soll- en	müss- en	-en
2. ihr	woll- t	dürf- t	könn- t	soll- t	müß- t	-t
Sie	woll- en	dürf- en	könn- en	soll- en	müss- en	-en
3. sie	woll- en	dürf- en	könn- en	soll- en	müss- en	-en

2. Wortstellung – Satzklammer

Wir	wollen		Montag um drei wieder Fußball	spielen.
Wir	müssen		heute noch einen Brief	schreiben.
Sie	darf		ihren Freund nicht	mitbringen.
Paul	kann		Mofa	fahren.
Du	sollst		das Buch	kaufen.
Wann	wollt	ihr	wieder Fußball	spielen?
Was	müßt	ihr	heute	schreiben?
Wen	darf	sie	nicht	mitbringen?
Wer	kann		(Mofa)	fahren?
Was	soll	ich		kaufen?
	Wollt	ihr	Montag um drei wieder Fußball	spielen?
	Müßt	ihr	den Brief heute noch	schreiben?
	Darf	sie	ihren Freund	mitbringen?
	Kann	Paul	(Mofa)	fahren?
	Soll	ich	das Buch	kaufen?

Ü13 Fragen und antworten: wollen, müssen

1. in die Schule gehen

○ Wann mußt du in die Schule gehen?
● Ich muß um acht Uhr in die Schule gehen.

2. das Moped haben
3. die Freunde sehen
4. nach Amsterdam fahren
5. ins Bett gehen
6. die Arbeit fertig haben
7. schwimmen gehen
8. Gitarre spielen

Ü14 Fragen und antworten (einer fragt – einer antwortet)

1. ihr/wir – ein Lied singen

○ Was wollt ihr?
● Wir wollen ein Lied singen.

2. er – ein Buch kaufen
3. du/ich – eine Cola trinken
4. sie – einen Freund haben
5. sie – heute Fußball spielen

Ü15 Rückfragen: müssen

1. ich – Hausaufgaben machen (du?)

○ Ich muß Hausaufgaben machen.
● Was mußt du?
○ Hausaufgaben machen.

2. wir – einen Brief schreiben (ihr?)
3. ich – meine Freundin finden (du?)
4. sie – die Mathebücher herausnehmen (sie?)
5. du – Judo trainieren (ich?)
6. ihr – morgen das Lied singen (wir?)

Ü16 Rückfragen: dürfen

1. Sie/ich – hier nicht parken

○ Sie dürfen hier nicht parken.
● Was darf ich nicht?
○ Hier parken.

2. ihr/wir – hier nicht spielen
3. sie – ihren Freund nicht mitbringen
4. wir/ihr – nicht lachen
5. du/ich – nicht Moped fahren
6. man – am Mittag keine Musik machen
7. Sie/wir – hier nicht Fußball spielen

Ü17 Rückfragen: können

1. wir/ihr – genug Deutsch

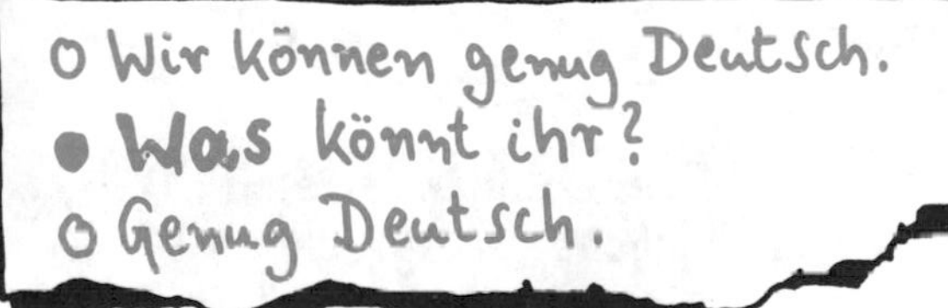

2. Paul – Motorrad fahren
3. er – nicht Gitarre spielen
4. du/ich – nicht fahren
5. sie – keine Briefe schreiben
6. ihr/wir – jetzt gehen

Ü18 Rocky ist in der Klasse. Was sollen die Schüler tun?

Rockine ist im UFO. Was sagt sie?

1. die Hausaufgaben herausnehmen; 2. das Heft aufschlagen; 3. die Geschichte aufschreiben; 4. das Wort "Galaxy" buchstabieren; 5. an die Tafel gehen; 6. den Satz schreiben.

1 "Sprechen Sie Deutsch?"

Über 90 Millionen Menschen in der Welt sprechen Deutsch als ihre Muttersprache.

Man spricht Deutsch: in der Bundesrepublik Deutschland,
in der Deutschen Demokratischen Republik,
in Österreich,
in der Schweiz.
(In der Schweiz spricht man auch Französisch, Italienisch und Rätoromanisch.)

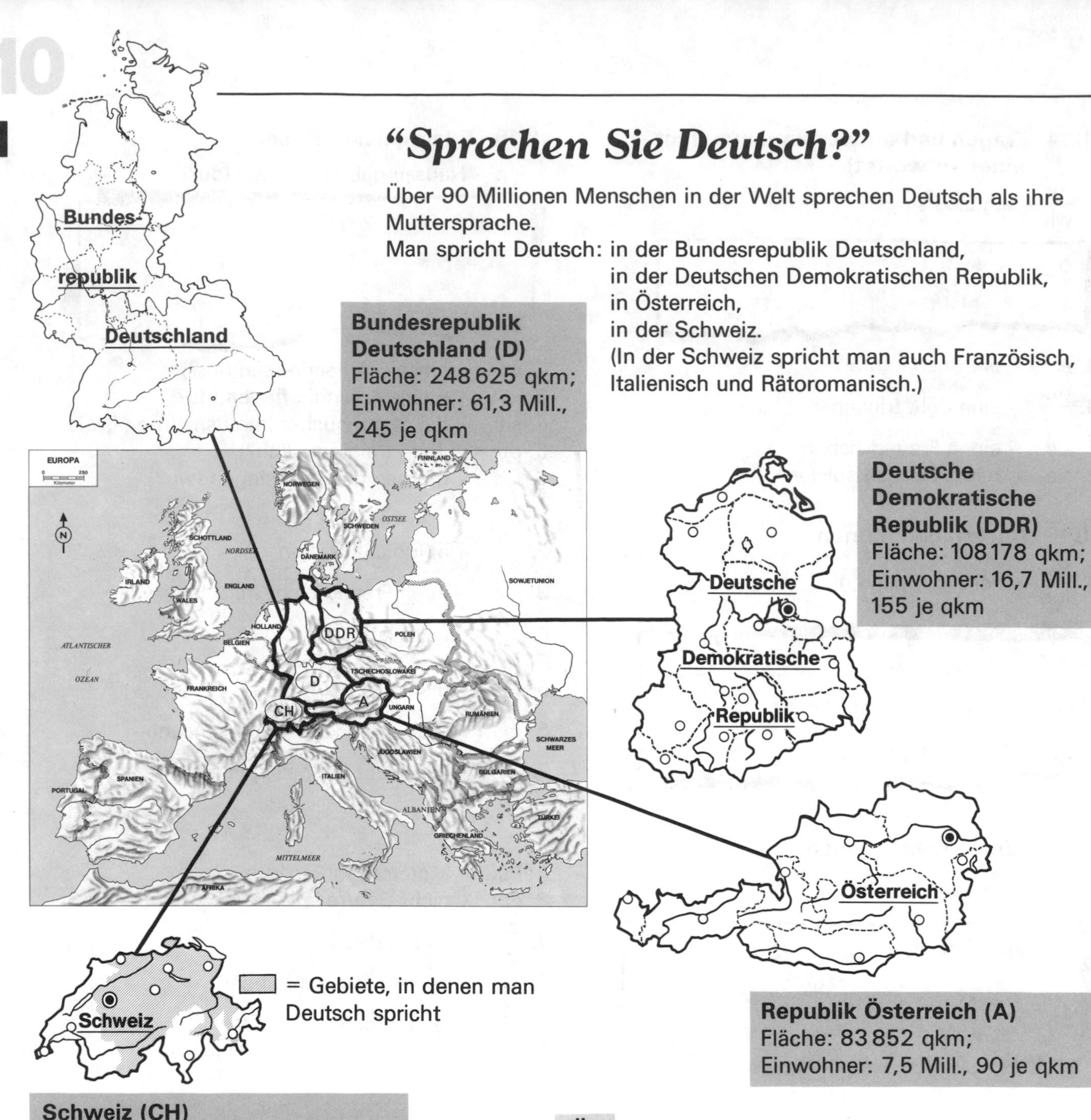

= Gebiete, in denen man Deutsch spricht

Bundesrepublik Deutschland (D)
Fläche: 248 625 qkm;
Einwohner: 61,3 Mill., 245 je qkm

Deutsche Demokratische Republik (DDR)
Fläche: 108 178 qkm;
Einwohner: 16,7 Mill., 155 je qkm

Republik Österreich (A)
Fläche: 83 852 qkm;
Einwohner: 7,5 Mill., 90 je qkm

Schweiz (CH)
(Confoederatio Helvetica, Schweizerische Eidgenossenschaft)
Fläche: 41 288 qkm;
Einwohner: 6,3 Mill., 152 je qkm

Ü1 **Was weißt du von diesen vier Ländern?**

Ü2 Die Schweiz ist ..... qkm groß.
Das Land hat ..... Einwohner.
Das sind ..... Menschen je qkm. .....

Ü3 **Was möchtest du über diese Länder noch wissen? – Mehr Information über .....**

..... Österreich:
Österreich-Information
Margaretenstraße 1
A-1040 Wien IV

..... die Schweiz:
Schweizerische Verkehrs-zentrale
Direktion
Bellariastrasse 38
CH-8027 Zürich

..... die DDR:
Auslandspresseagentur
Wilhelm-Pieck-Straße 49
DDR-1054 Berlin

..... die Bundesrepublik:
Deutsche Zentrale für Tourismus
Beethovenstraße 69
D-6000 Frankfurt/Main

Ferien

Schulferien

	Ostern	Pfingsten	Sommer	Herbst	Weihnachten
Baden-Württ.	5.4.–16.4.	1.6.– 4.6.	1.7.–14.8.	25.10.–30.10.	23.12.– 8.1.
Bayern	5.4.–17.4.	1.6.–12.6.	29.7.–13.9.	2.11.	23.12.–11.1.
Berlin	29.3.–17.4.	29.5.– 1.6.	24.6.– 7.8.	4.10.–11.10.	23.12.– 8.1.
Bremen	25.3.–14.4.	1.6.	24.6.– 7.8.	7.10.–16.10.	23.12.– 5.1.
Hamburg*	13.4.	--	18.6.–31.7.	4.10.–23.10.	23.12.– 1.1.
Hessen	27.3.–17.4.	1.6.	18.6.–31.7.	4.10.– 9.10.	23.12.– 8.1.
Niedersachsen	27.3.–17.4.	29.5.– 1.6.	24.6.– 4.8.	2.10.– 9.10.	22.12.– 8.1.
Nordrhein-Westf.	27.3.–17.4.	29.5.– 1.6.	15.7.–28.8.	9.10.–16.10.	23.12.– 5.1.
Rheinland-Pfalz	29.3.–17.4.	29.5.– 1.6.	22.7.– 1.9.	30.10.– 6.11.	23.12.– 6.1.
Saarland**	29.3.–19.4.	--	22.7.– 4.9.	2.11.– 6.11.	24.12.– 8.1.
Schleswig-Holst.	2.4.–17.4.	--	18.6.–31.7.	4.10.–16.10.	22.12.– 5.1.

*Frühjahrsferien vom 11.3.–27.3. **Fastnachtsferien 22.2.–23.2.

Ü4 Beispiel:

○ Wann beginnen in *Bayern* die *Sommerferien*?
● Am *neunundzwanzigsten Juli.*
○ Und wie lange dauern sie?
● Bis zum *dreizehnten September.*

Ü5 Beispiel:

○ Wie lange haben die Schüler in *Hessen Weihnachtsferien*?
● Vom *dreiundzwanzigsten Dezember* bis zum *achten Januar.*

Ü6 Beispiel:

○ In *Niedersachsen* dauern die *Herbstferien* vom *zweiten Oktober* bis zum *neunten Oktober.*
Wie lange dauern sie in .....?
● Vom ..... bis zum ..... .

Ü7 Beispiel:

○ Wann sind *Osterferien*
– in Bayern?
– in Hamburg?
– in Berlin?
– .....?
● Vom ..... bis zum ..... .

Ü8 Beispiel:

○ Wann hast *du* Ferien?
Weihnachten?
Ostern?
Pfingsten?
Im Sommer?
Im Herbst?

○ Hast du länger Ferien als die Schüler in Deutschland?

3 Am Bahnhof Duisburg

von **Duisburg** und **Oberhausen** nach

Brussel Noord / Bruxelles Nord

1. Kl → 64,30 | 2. Kl → 43,— | 1. Kl ←→ 128,60 | 2. Kl ←→ 86,—

Duisburg ab	Oberhausen ab	Zug	an	Bemerkungen
6.16	6.02 [U]	IC 105	9.48	[U] Köln ✕
6.26	■a 6.14 [U]	IC 130	10.16	[U] Lüttich
7.30	⚒ 7.14 [U]	D 232	11.46	🚃
8.16	8.00 [U]	IC 513	11.20	[U] Köln
8.39	⚒ 8.19 [U]	D 705	12.23	🍷 [U] Köln ✕
10.16	9.51 [U]	IC 521	13.46	[U] Köln 🍷
12.16	11.31 [U]	IC 527	15.48	[U] Köln 🍷
14.11	14.02	E 2029	17.46	🍷 [U] Köln 🍷
16.16	■1) 15.53 [U]	IC 109	19.47	[U] Köln ✕
17.16	16.57 [U]	IC 627	20.46	[U] Köln ✕
19.20	19.04	IC 123	22.55	[U] Köln 🍷

Rückfahrt

ab	Zug	Duisburg an	Oberhausen an	Bemerkungen
6.45	D 313	10.39	10.57 [U]	🍷 [U] Köln IC
8.22	D 319	11.43	11.54	🍷 [U] Köln 🍷
10.20	D 321	13.39	14.00 [U]	✕ [U] Köln IC
12.20	D 323	15.39	■1) 16.00 [U]	✕ [U] Köln IC
15.20	D 325	18.39	■1) 19.01 [U]	🍷 [U] Köln IC
16.08	IC 433	19.39	20.05 [U]	🍷 [U] Köln
18.20	IC 429	21.39	21.56 [U]	[U] Köln
18.35	D 225	22.26	22.36	✕ [U] Köln
19.20	719	23.20	■1) 23.46 [U]	🚃
19.52	1918	23.32		[U] Lüttich IC
20.20	D 327	0.12	0.23 [U]	✕ [U] Köln

[U] in Duisburg umsteigen

Kobenhavn (Kopenhagen)

1. Kl → 183,30 | 2. Kl → 121,80 | 1. Kl ←→ 366,60 | 2. Kl ←→ 243,60

Duisburg ab	Oberhausen ab	Zug	an	Bemerkungen
0.23	🚃 23.56/0.25	D 839	12.09	🛏 🛏 [U] Hamburg Hbf 🍷
7.41	7.27 [d]	IC 635	16.29	[U] Hamburg Hbf 🍷
10.41	10.16 [d]	IC 133	19.40	
13.41	13.33 [d]	IC 614	22.45	[U] Hamburg Hbf
19.41	19.33 [d]	IC 620	6.45	[U] Dortmund [U] Hamburg Hbf 🛏 🛏
23.22	■1) Ⓢ 23.09 [e]	D 233	9.09	🛏 🛏

Rückfahrt

ab	Zug	Duisburg an	Oberhausen an	Bemerkungen
7.20	399	16.14	16.20 [d]	🍷 [U] Hamburg Hbf IC
10.15	IC 132	19.14	19.49 [d]	
13.20	373	22.14	22.24 [d]	🍷 [U] Hamburg Hbf IC
17.45	395	4.37	🚃 5.23 [d]	[U] Hamburg Hbf 🛏 🛏
21.10	232	7.26	⚒ 7.24 [g]	🛏 🛏
23.45	371	10.14	10.48 [e]	🛏 🛏 [U] Hamburg Hbf IC [U] Dortmun

[d] = In Dortmund umsteigen
[e] = in Essen umsteigen
[g] = in Gelsenkirchen umsteigen

Amsterdam und zurück

1. Kl → 48,80 | 2. Kl → 33,10 | 1. Kl ←→ 97,60 | 2. Kl ←→ 66,20

Duisburg ab	Oberhausen ab	Zug	an	Bemerkungen
6.47	7.14	D 200	9.36	
8.20	8.30	E 2304	10.42	
9.09 [x]	9.25	E 2324	11.42	
9.33	9.41	IC 122	11.45	
10.13	10.25	E 2306	12.42	
11.47	12.10	D 222	14.26	🍷
13.17	13.25	E 2310	15.42	
13.46		TEE 10	16.03	
15.15	15.25	E 2312	17.44	
16.12	16.29	E 2314	18.42	
18.01 [x]	18.22	E 2328	20.42	
18.44	18.52	IC 124	20.56	
19.30	19.39	D 202	22.03	✕
19.45		TEE 6	21.56	
21.49	21.58	E 2318	0.19	

Rückfahrt

ab	Zug	Duisburg an	Oberhausen an	Bemerkungen
⚒ 6.09	E 2303	8.45	8.35	
6.57	IC 125	9.11	9.02	
7.49	TEE 7	10.08		
8.19	D 203	10.46	10.34	✕
9.17	E 2329	12.09 [x]	11.39	
10.17	E 2307	12.44	12.35	
12.17	E 2311	14.41	14.32	
13.17	E 2313	15.39	15.30	
13.55	TEE 11	16.09		
14.49	D 223	17.30	17.07	🍷
16.55	IC 123	19.11	19.02	
17.16	E 2325	19.39 [x]	19.28	
18.17	E 2317	20.46	20.32	
19.16	E 2319	21.35	21.27	
20.19	D 201	23.15	22.43	

[x] = In Oberhausen umsteigen

Wien (Westbahnhof)

1. Kl → 235,80 | 2. Kl → 158,30 | 1. Kl ←→ 471,60 | 2. Kl ←→ 316,60

Duisburg ab	Oberhausen ab	Zug	an	Bemerkungen
6.39	■a 6.26 [U]	D 221	19.10	✕
10.16	9.51 [U]	IC 521	21.25	[U] Würzburg
17.34	17.22	D 223	6.40	🛏 🛏 🍷
20.29	20.00 [U]	E 2730	9.45	🍷 [U] Köln 🛏 🛏 🍷
23.18	■ 23.02 [U]	D 427	13.55	🛏 🛏 🍷 [U] Linz ✕
23.18	■ 23.02 [U]	D 427	14.45	🚃 🍷

Rückfahrt

ab	Zug	Duisburg an	Oberhausen an	Bemerkungen
7.35	226	18.32	18.50	✕ [U] München IC [U] Mannheim
9.05	220	21.30	21.56 [U]	✕
■1) 13.45	228	1.42		✕ [U] Frankfurt [U] Köln
14.40	644	6.26	6.45 [U]	🚃 🍷
20.50	224	9.31	9.39	🛏 🛏 🍷 [U] Frankfurt IC
23.00	222	11.43	11.54	🛏 🛏 🍷

[U] = in Duisburg umsteigen

"Von Duisburg nach ....."

Ü9 Beispiel:

○ Ich möchte morgen früh nach *Amsterdam* fahren. Wann kann ich fahren?
● Um *8 Uhr 20.*
○ Wann bin ich dann in *Amsterdam*?
● Um *10 Uhr 42.*
○ Kann ich auch später fahren?
● Ja, um *9 Uhr 9,* dann sind Sie um *11 Uhr 42* dort.
○ Muß ich da umsteigen?
● Ja, in *Oberhausen.*

Ü10 Beispiel:

○ Ich möchte am Mittag von *Amsterdam* nach Duisburg zurückfahren. Wann kann ich fahren?
● Um *12 Uhr 17* oder um *13 Uhr 17.*
○ Und wann bin ich dann in Duisburg?
● *14 Uhr 32* oder *15 Uhr 30.*
○ Vielen Dank.

Ü11 Beispiel:

○ Bitte, was kostet eine Fahrkarte nach *Kopenhagen*?
● Einfach oder Rückfahrt?
○ Eine Rückfahrkarte zweiter Klasse.
● *243 Mark und 60 Pfennig.*
○ Vielen Dank.

Vorname: Carola
Familienname: Weber
Alter: 13
Größe: 1,52 m
Beruf: Schülerin
Hobbys: .....

meine Mutter

Vorname: Erna
Familienname: Weber
Alter: 36
Größe: 1,71 m
Beruf: Hausfrau
Hobbys: Tennis, Musik hören

mein Vater

Vorname: Alfred
Familienname: Weber
Alter: 36
Größe: 1,76 m
Beruf: Monteur
Hobbys: Basteln, Radfahren

mein Bruder

Vorname: Franz
Familienname: Weber
Größe: 1,62 m
Alter: 11
Beruf: Schüler
Hobbys: Schwimmen, Gitarre spielen

meine Schwester

Vorname: Manuela
Familienname: Weber
Alter: 9
Größe: 1,49 m
Beruf: Schülerin
Hobbys: Briefmarken sammeln, Bücher lesen

meine Großeltern

Vornamen: Anna-Maria/Ernst
Familienname: Schmidt
Alter: 71/76
Größe: 1,63 m/1,72 m
Beruf: Hausfrau/Rentner
Hobbys: Bücher lesen/Fernsehen

Ü 12

Meine Mutter
Mein Vater
heißt ...

Sie Er	ist ..... Jahre alt.
Sie Er	ist ..... groß.
Sie Er	ist ..... von Beruf.
Ihre Seine	Hobbys sind: .....

Ü 13 Beschreibe

Beschreibe	den Vater die Mutter den Bruder	von Carola.

5 Schulordnung

§1 Die Schüler müssen pünktlich um 8 Uhr in der Schule sein.

§2 Der Lehrer hat immer recht.

§3 Der Lehrer fragt – die Schüler antworten. Der Lehrer redet – die Schüler sind ruhig.

§4 In der Pause dürfen die Schüler nicht im Klassenzimmer bleiben. Im Hof dürfen sie nicht rennen und Fußball spielen.

§5 Die Schüler müssen jeden Tag ihre Hausaufgaben machen und sauber schreiben.

Der Direktor

§ = Paragraph

§1 Die Schüler können bis neun U
schlafen. Der Unterricht beginnt
nicht vor zehn Uhr.

§2 Die Schüler haben immer recht!

§3 Die Schüler reden – der Lehrer ist ruhi

§4 In der Pause dürfen die Schüler i
Klassenzimmer Fußball spielen

§5 Niemand muß Hausaufgaben mach

Ü14 Kannst du noch mehr §§ (Paragraphen) für die Schulordnung und die Anti-Schulordnung machen?

Ü15 Diskussion über Schulordnungen:

Meiner Meinung nach soll	Pünktlich sein finde ich gut.
Ich finde, die Schule	Hausaufgaben machen finde ich blöd.
Bei uns darf/kann/muß	Diskutieren mag ich gern.

Schreibt eine Schulordnung für eure Klasse.

Anna erzählt von ihrer Schule:

6

Ihre Schule ist schön, aber die Lehrer sind sehr streng. Die Schüler müssen viel lernen.

Jeden Nachmittag muß Anna zwei Stunden Hausaufgaben machen. Erst dann darf sie zum Spielen gehen.

Sie dürfen nicht zu spät zum Unterricht kommen. Und die Klasse muß immer sauber sein.

Ihr macht das Lernen Spaß, Mathematik und Englisch gefallen ihr besonders gut. Aber manchmal macht ihr die Schule auch keinen Spaß: Man muß so viel arbeiten.

Ü16 **Schlage unbekannte Wörter im Wörterbuch nach.**

Jens erzählt:

In der Pause ist seine Klasse immer ein Chaos.

Sie werfen mit Kreide oder mit dem Schwamm in der Klasse herum. Sie schieben die Tische und Stühle durcheinander und werfen sie um.

Nach der Pause warten sie auf den Lehrer. Wenn er kommt, rufen sie schnell: "Achtung! Er kommt!"

Dann stellen sie alles ganz schnell wieder an seinen Platz und sitzen ganz still.

Der Lehrer ist dann immer ganz sauer. Aber er kann nichts machen.

Ü17

Was sagen	Anna	Jens
über die Schule?		/
über die Klasse?		
über die Lehrer?		
über die Schüler?	/	

7

Dracula hat Zahnweh

○ Hier Praxis Dr. Müller, guten Tag.

● Guten Tag, hier ist Dracula.

○ Wer ist dort???

● Dracula. Hier ist Dracula!
Ich habe furchtbares Zahnweh!
Vorne rechts. Wann kann ich kommen?

○ Heute nicht mehr. Vielleicht morgen früh?
Um 9 Uhr 30?

● Das geht nicht! Ich kann nur nachts,
von zwölf bis eins. O.K.?

○ Ich weiß nicht .....

● Wie bitte?!

○ Also, ich sage dem Herrn Doktor:
Heute nacht um 24 Uhr!

● Guuht! Auf Wiedersehen! Sehr guuht!

Ü18

○ "Hier Praxis Dr. Müller, guten Tag."

● "Guten Tag, hier Klaus Fischer. Ich habe starke Zahnschmerzen. Wann kann ich kommen?"

○ "Heute nicht mehr. Vielleicht morgen um halb zehn?"

● "Gut, danke."

● "Das geht nicht! ....."

Du hast starke Zahnschmerzen und rufst bei Dr. Müller an. Du möchtest noch heute kommen. Du bekommst einen Termin für 16.00 Uhr.

Heute ist der 23. 9. Du hast Halsschmerzen. Du rufst bei Dr. Karl an und bekommst einen Termin für Donnerstag, den 24. 9., 13.30 Uhr.

Heute ist der 18. 6. Dein Knie tut sehr weh. Du rufst bei Dr. Neumann an: Er ist bis zum 19. 6. in den Ferien. Du bekommst einen Termin am 20. 6., 14.30 Uhr.

Am Bahnhof und im Zug: Piktogramme 8

① Auskunftsbüro

② Geldwechsel

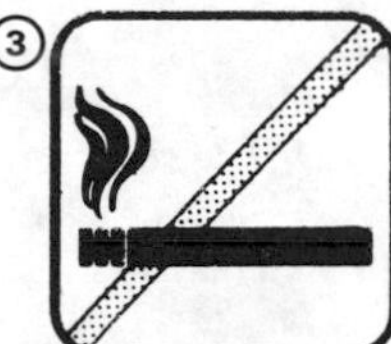
③ Nichtraucher

④ Raucher

⑤ Postamt

⑥ Telefon

⑦ WC Herren

⑧ Fahrkarten

⑨ Gaststätte

⑩ Waschraum

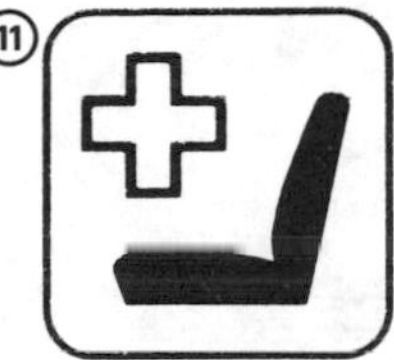
⑪ Platz für Behinderte

⑫ Taxi

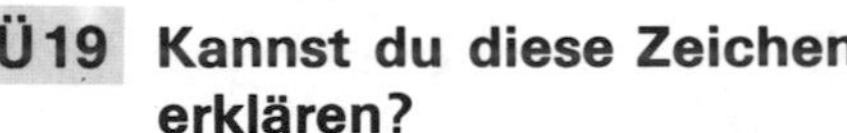

Ü19 Kannst du diese Zeichen erklären?

Nr. 1: Hier kann man fragen.
Nr. 2: Hier kann .....
Nr. 3: Hier | kann man .....
| darf
| muß

.....

Auf der Straße: Verkehrszeichen 9

1. Kühe auf Straße

2. Seitenwind

3. Engstelle

4. Ufer

5. Verbot für Autos und Motorräder

6. Schleudergefahr

7. Sackgasse

8. Bauarbeiten

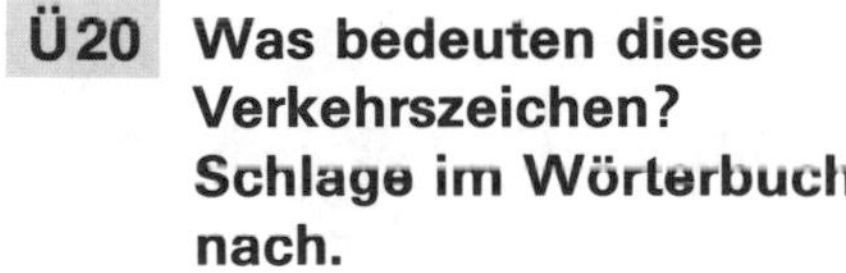

Ü20 Was bedeuten diese Verkehrszeichen? Schlage im Wörterbuch nach.

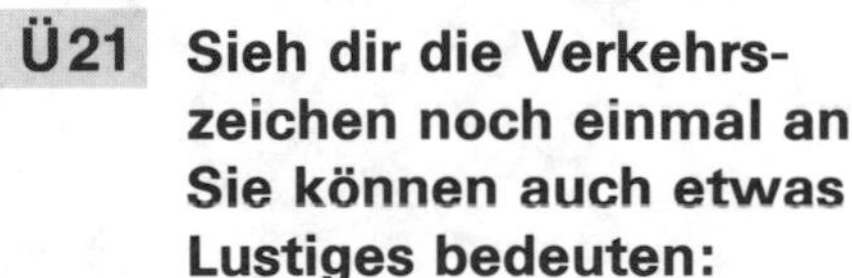

Ü21 Sieh dir die Verkehrszeichen noch einmal an. Sie können auch etwas Lustiges bedeuten:

Beispiel:

1. *Hier gibt es frische Milch!*
2. .....
3. .....
4. .....
5. .....
6. .....
7. .....
8. .....

10

Bildlexikon: Fahrrad und Moped

(1) der Lenker (2) die Bremse (3) der Sattel (4) der Gepäckträger (5) das Vorderrad (6) das Hinterrad
(7) die Kette (8) das Pedal (9) die Schaltung (10) das Licht (11) das Schutzblech (12) der Reifen
(13) der Motor (14) der Auspuff (15) das Rücklicht

Ü22 Vergleiche Fahrrad und Moped

Beispiel: Das Fahrrad hat keinen Motor. .....

Ü23 Vergleiche A und B unten: Was ist gleich, was ist anders? (In B fehlen 8 Sachen!)

Stefanie und ihre Freundinnen

Stefanie ist dreizehn. Sie geht in die 7. Klasse. Sie ist blond, hat blaue Augen und ist einsfünfundfünfzig groß.

Sie hat vier Freundinnen: Anja, Kathrin, Silke und Sabine.

Anja, die erste Freundin, ist etwas kleiner als Stefanie. Sie hat dunkelblonde, lange Haare und braune Augen. Sie schwimmt gerne, mag Pferde und spielt Handball.

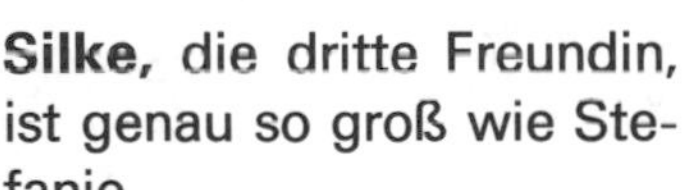

Kathrin, die zweite Freundin, ist etwas größer als Stefanie. Sie hat lange, hellblonde Haare und blaue Augen. Ihr Hobby sind Pferde.

Silke, die dritte Freundin, ist genau so groß wie Stefanie.
Sie hat dunkelbraune, lange Haare und dunkelbraune Augen. Sie fährt gerne Rad, schwimmt gerne und spielt Handball.

Sabine, die vierte Freundin, ist größer als Stefanie.
Sie hat dunkelbraune, kurze Haare und dunkelbraune Augen. Sie spielt gerne Handball, redet viel, ärgert gerne Lehrer und schwimmt gerne.

Ü24 Mache Notizen

	Stefanie	Anja	Kathrin	Silke	Sabine
Größe Haare Augen Hobbys					

Alphabetical German-English Wordlist

The wordlist does not contain all relevant information on the words and expressions to be found in *Deutsch konkret 1,* but merely explains their meaning and use as they appear in context.

Numbers and **letters** after the translation **refer to** the **chapter** and **chapter subsection** in which the headword is to be found: 2A1 = Chapter 2, subsection A1.

Headwords are printed in **bold type**. If a headword appears in a fixed idiomatic expression only, the idiom and not the headword is translated:

der **Mist**
So ein Mist! Bother! How do you like that!

As an aid to **pronunciation,** the vowels or diphthongs of stressed syllables have been underlined:

Aussprache
Familienname
Intonation

Nouns are listed with their definite article:

der **Abend**
die **Bahn**
das **Auge**

The definite article is omitted if the noun is generally used without an article:

Bayern

The plural forms of nouns are indicated as follows:

das **Zimmer**, -	plural form: die Zimmer
der **Freund**, -e	die Freunde
die **Frau**, -en	die Frauen
das **Kind**, -er	die Kinder
der **Vater**, ¨	die Väter
der **Mann**, ¨er	die Männer

In cases where a plural sign would not be entirely clear, the full form is listed:

der **Atlas,** Altlanten
der **Paß,** Pässe
der **Doktor,** Doktoren

Nouns listed without a plural sign generally have no plural form:

der **Mars**

If a word is used in the plural only, this is indicated by *(pl.)*:

die **Leute** *(pl.)*

Verbs are generally listed in the infinitive form:

gehen

Adjectives are listed without endings:

jung

If an adjective or certain pronoun cannot be used without an ending, this is indicated by a hyphen:

best- (= bester, beste, bestes, etc.)
dies- (= dieser, diese, dieses, etc.)

Abbreviations: *colloq.* = colloquial use
pl. = plural

A

A (= Österreich)	Austria 10.1
das **ABC** = das Alphabet	alphabet 3C
der **Abend**, -e	evening 7A3
abends	in the evening 7B3
aber	but 4A1
abfahren: von der Autobahn abfahren	leave the highway/freeway 8B2
Abk. = die **Abkürzung**, -en	abbreviation 9B1
abzählen	count 2A2
Ach!	Oh! 2B3
Achtung: Achtung, er kommt!	Look out, he's coming! 10.6
addieren	add 5.3
Adieu!	Goodbye! Bye! 2B3
das **Adjektiv**, -e	adjective 6C
die **Adresse**, -n	address 3A2
die **Ahnung**, -en	idea 4A2
keine Ahnung	no idea 4A2
der **Akkusativ**, -e	accusative 4C
der **Alkohol**	alcohol 9B3
alle	all 9B3
die **Allee**, Alleen	avenue 8B2
allein	alone 8A1
alles	everything 10.6
als: als erster	the first to ... 5.3
kleiner als	smaller than 10.11
also: Also, zuerst ...	So, first of all ... 8A1
alt: Wie alt bist du?	How old are you? 1A1
das **Alter**	age 2B1
am = an dem	
am Rand	on the margin 2B1
am Montag	on Monday 4A1
am 6. August	on the sixth of August 8B2
am Rathausplatz	at the Rathausplatz 8C
an	
an der Ecke	at the corner 8A2
an der nächsten Kreuzung	at the next intersection 8B2
an seinen Platz stellen	put in its place 10.6
an den Caravan pinkeln (*colloq.*)	piddle against the camper 4B2
verschenken an	give away to 8B1
Würzburg an ...	Würzburg arrival ... 7A2
ander-	other 8B1
andere junge Leute	other young people 8B1
ändern	change, alter 9B3
anders	different 10.10
anfangen	begin 9B3
das **Angebot**, -e	offer 8B1
angehen	start 2B3
die **Angst**, ¨e	fear 4B1
anhören	listen to 9B2
Das kann man ja nicht mehr anhören.	I can't stand listening to this any longer. 9B2
ankommen	arrive 2B3
anmachen	start, switch on, turn on 2B3
die **Anmeldekarte**, -n	registration card 3A2
die **Anmeldung**, -en	registration, reception 3A2
die **Anrede**, -n	address 2C
die **Anregung**, -en	impulse, stimulation, suggestion, idea 8B1
anrufen	call (*on the telephone*) 10.7
ans = an das	
ans Meer	to the beach/shore 2B1
der **Anschluß**, Anschlüsse	connection 8B1
ansehen	look at 10.9
sich etwas ansehen	look at something 10.9
die **Antwort**, -en	answer 3A2
antworten	answer 8A2
der **April**	April 10.2
die **Arbeit**, -en	work 9B3
arbeiten	work 9B3, 10.6
die **Arbeitslehre**	vocational studies 4B1
ärgern	annoy, tease 10.11
der **Arm**, -e	arm 7B2
der **Artikel**, -	article 3C
der **Atlas**, Atlanten	atlas 4A2
auch	also 1A1
Sie wohnen auch in K.	They also live in K. 1A1
auf	
auf deutsch	in German 1A2
auf einem Campingplatz	at a campground 2B1
Auf Wiedersehen!	Godbye (till we meet again!) 2B3
die **Aufgabe**, -n	exercise 2A2
die **Aufmerksamkeit**	attentiveness 4B1
aufschlagen	open 4A2
aufschreiben	write down 4A2
das **Auge**, -n	eye 6A1
der **August**	August 8B2
aus	
aus K.	from K. 1A1
Es ist aus.	It's over. It's finished. 4B2
aus dem Haus	out of the house 7B3
der **Ausdruck**, ¨e	expression 8A1
ausfüllen	fill in, complete 2B1
die **Auskunft**, ¨e	information 8A2
das **Auskunftsbüro**, -s	information bureau 10.8
das **Ausland**	overseas, abroad, foreign countries 10.3
die **Auslandspresseagentur**, -en	foreign / overseas news agent 10.1
der **Auspuff**, ¨e	exhaust pipe 10.10
ausreichend	passed (*grade*) 4B1
der **Aussagesatz**, ¨e	declarative sentence 1C
die **Aussprache**	pronunciation 1A1
das **Auto**, -s	car 1B
die **Autobahn**, -en	highway, freeway 2B3
der **Autofahrer**, -	driver 9A2

B

das **Baby**, -s	baby 2B2
der **Bademeister**, -	swimming instructor 7B1
Baden-Württemberg	*federal state* 10.2
die **Bahn**, -en	railroad 8B1
das **Bahnfahren**	going by train / rail 8B1
die **Bahnfahrt**, -en	train trip 8B1
der **Bahnhof**, ¨e	railroad station 8A2
der **Bahnhofsplatz**, ¨e	station square 8A2
bald	soon 2B1
Bis bald!	See you soon! 2B1
der **Ball**, ¨e	ball 1C
die **Bank**, ¨en	bank 8A2
der **Basketball**, ¨e	basketball 6A3
das **Basteln**	craftwork, handiwork 10.4
die **Bauarbeiten** (*pl.*)	building work, road work 10.9
der **Bauch**, ¨e	stomach, abdomen 7B2
Bayern	Bavaria (*federal state*) 10.2
das **Baujahr**, -e	year of production / assembly 9B1
Baujahr 80	1980 model 9B1
der **Baum**, ¨e	tree 6A2
bedeuten	mean, imply 10.9
befriedigend	satisfactory (*grade*) 4B1
beginnen	begin, start 10.2
begrüßen	greet, welcome, receive 2A1
der / die **Behinderte**, -n	handicapped person 10.8
bei	
bei Rocky	at Rocky's 2A1
bei Münster	near Münster 2B1
beilegen	enclose, add 3B
beim = bei dem	
beim Kaufhaus	near the department store 8C
das **Bein**, -e	leg 7B2
das **Beispiel**, -e	example 10.2
bekommen	get, receive, be given 5.3
die **Bemerkung**, -en	remark 4B1, comment 10.3
benennen	name 3C
der **Beruf**, -e	occupation 10.4
beschreiben	describe 3B
besonders	especially 6A1
besser	better 6A3
best-	best 6A3
am besten	best 6A3
bestimmt	definite 3C
der **Bestzustand**	excellent condition 9B1
der **Besuch**, -e	visit, call 7B3
besuchen	visit 7B3
das **Betragen**	behavior 4B1
das **Bett**, -en	bed 9C
die **Beule**, -n	bump, swelling 7B2
das **Bier**, -e	beer 9B3
das **Bild**, -er	picture 9A2
das **Bildlexikon**, -lexika	visual dictionary 10.10

billig	cheap 8B1
bin: ich bin ...	I am ... 1A1
die **Biologie**	biology 4A1
das **Biologiebuch**, ¨er	biology book 4A1
bis	
bis neun zählen	count to nine 2A2
bis zum Jahresende	until the end of the year 4B1
von zwei bis vier (Uhr)	from to four (o'clock) 7A3
bis 25 km/h	up to 25 kilometers per hour 9B1
ein **bißchen**	a little 9B2
bist: du bist ...	you are ... 1A1
bitte	please 1B
Bitte schön!	Here you are! Please! 3A1
blau	blue 6A1
blaugrün	bluegreen 6A1
bleiben	stay, remain 4B1
der **Bleistift**, -e	pencil 3A3
blöd	stupid, silly 5.2
der **Blödmann**, ¨er (*colloq.*)	fool, idiot (*insult*) 9A1
blond	blonde 6A1
das **Bogenschießen**	archery 6A3
das **Boxen**	boxing 6A3
brauchen	need 4A1
braun	brown 6A1
brechen	break 7B2
Bremen	*city and federal state* 10.2
die **Bremse**, -n	brake 10.10
der **Brief**, -e	letter 9A1
der **Briefkasten**, ¨	mail box 8C
die **Briefmarke**, -n	stamp 6A1
bringen	bring 4A2
der **Bruder**, ¨	brother 2B2
die **Brust**, ¨e	chest, breast 7B2
das **Buch**, ¨er	book 3A3
buchstabieren	spell 3A2
die **Bundesbahn**, -en	federal railroad 8B1
die **Bundesrepublik Deutschland**	Federal Republic of Germany 1B
der **Bus**, Busse	bus 9A2
der **Busfahrer**, -	bus driver 9A2
die **Bushaltestelle**, -n	bus stop 8A2

C

das **Camping**	camping 1B
der **Campingbus**, -busse	camping van 5.1
der **Campingplatz**, ¨e	campground 5.1
der **Caravan**, -s	camper (trailer) 1B
die **Cassette**, -n (= die Kassette)	cassette 1B
CH (= Confoederatio Helvetica = die Schweiz)	Switzerland 10.1
das **Chaos**	chaos 10.6
die **Chemie**	chemistry 4B1
die **Clique**, -n	clique, gang 7B3
cm (= der Zentimeter, -)	centimeter 6B1
die **Cola**, -s	Coke 1B
die **Confoederatio Helvetica** (= CH)	Swiss Confederation 10.1

D

D (= Deutschland)	(Federal Republic of) Germany 10.1
da	
da drüben	over there 2A1
Schade, da geht's nicht.	Sorry, I won't be able to come at that time. 7A1
Muß ich da umsteigen?	Will I have to change then / in that case? 10.3
dabei	
Es darf keine Eins dabeisein.	There should be no ones (on the dice). 5.3
Die Eltern müssen dabeisein.	The parents must be present. 9B3
dafür	for it / that 8B1
die **Dame**, -n	woman 9A2
der **Dank**	
Vielen Dank!	Many thanks! 3B
danke	thank you 2A1
dann	then 7B3
darf	may
Es darf keine Eins dabeisein.	There should be no ones (on the dice). 5.3
Hier darf man nicht fahren.	One is not permitted to drive here. 9A2
das	
Das ist mein Freund.	That is my friend. 1A1
daß	
Schön, daß du mich besuchst.	Nice that you'll come to see me. 8B2
der **Dativ**, -e	dative 8C
das **Datum**, Daten	date 8C
die **Dauer**	duration 7C
dauern	continue, last 7A3
dazu	to that / it, in addition 8B1
Dazu ein Hinweis ...	In addition a tip: ... 8B1
DDR (= Deutsche Demokratische Republik)	GDR (= German Democratic Republic) 3B
dein(e)	your 1A1
dem	(to) the 2B1
den	the 2B1
denken	think 8B1
denn	
Wo ist denn das?	Where is that (then)? 3A2
des	of the 8B1
deshalb	therefore 8B1
deutsch	German 1A1
auf deutsch	in German 1A2
das **Deutschbuch**, ¨er	German book 4A1
die **Deutsche Demokratische Republik**	the German Democratic Republic 10.1
das **Deutschheft**, -e	German notebook 4A2
Deutschland	Germany 1A1
der **Deutschlehrer**, -	German teacher 4C
der **Dezember**	December 10.2
dich	you
Du interessierst dich für ...	You are interested in ... 6C
der **Dienstag**, -e	Tuesday 4A1
dies-	this 8B1
diesmal	this time 2B1
dir	(to) you
Wie ist es bei dir?	What's it like with you? 7B3
Ich darf sie dir nicht geben.	I'm not allowed to give it to you. 9A1
direkt	immediately 8A2
die **Direktion**, -en	management, board of directors 10.1
der **Direktor**, Direktoren	principal, headmaster 10.5
die **Disco/Disko**, -s, die **Diskothek**, -en	discotheque 1B
die **Diskussion**, -en	discussion 8B1
das **Diskutieren**	discussing 10.5
DM = Deutsche Mark	Geman Mark 2A2
doch	
Das wäre doch eine Anregung!	That would surely be an inspiration! 8B1
Du darfst doch noch gar nicht fahren.	You are not allowed to drive yet. 9A1
der **Doktor**, Doktoren	doctor 10.7
der **Donnerstag**, -e	Thursday 4A1
doof (*colloq.*)	stupid 4A1
das **Dorf**, ¨er	village 3B
dort	there 2B3
Dr. (= der Doktor)	doctor 10.7
drauf (= darauf)	on it / that 9B1
Wieviel hat sie drauf? (*colloq.*)	How much mileage is on it? 9B1
dreimal	three times 7A3
drüben	over there, on the other side 2A1
du	you 1A1
dunkelblond	dark blonde 10.11
dunkelbraun	dark brown 6A1
durch	
geteilt durch	divided by 1A2
durcheinander	in confusion, mixed-up 10.6
durcheinanderschieben	mess up, disarray 10.6
dürfen	be allowed / permitted to 9A2

E

eben	just, after all 9A1
die **Ecke**, -n	corner 8A2
die **Eidgenossenschaft** (= die Schweiz)	confederacy (Swiss Confederation) 10.1
ein, eine	a/an 2A2, one 7A1
ein-	one 9C
einer fragt – einer antwortet	one person asks – the other answers 9C
einfach	
Du nickst einfach.	You simply nod. 9B2
Einfach oder Rückfahrt?	Single or return? 10.3
die **Einfahrt**, -en	entrance 5.1
einkaufen	go shopping 8A1
einmal	once 2B3
auf einmal	suddenly 2B3
eins	one (*number*) 1A2
eins siebzig (= ein Meter und siebzig Zentimeter)	one meter seventy centimeters 6A1
um eins	at one o'clock 7A1
die **Eins**, -en	one (*best grade in exam*) 4B1
einsetzen	put in 3C
einverstanden	all right, agreed, OK. 7A1
der **Einwohner**, -	inhabitant 10.1
die **Eltern** (*pl.*)	parents 2B2
endlich	at last 8B2
Englisch	English 4A1
die **Englischaufgabe**, -n	English homework, exercise(s) 9A1
das **Englischbuch**, ¨er	English book 4A1
die **Engstelle**, -n	narrow road 10.9
entlang	along 8A2
die Straße entlang	along the road 8A2
die **Entschuldigung**, -en	excuse 2A1
Entschuldigung, wie heißen Sie?	Excuse me, what is your name please? 2A1
er	he 1A1
Er ist dreizehn.	He is thirteen. 1A1
die **Erdkunde**	geography 4B1
erfragen	ask 3C
erhalten	receive 8B1
erklären	explain 4B1
die **Erlaubnis**, -se	permission 9B3
die **Ermäßigung**, -en	reduced price, reduction 8B1
erst	only, just, but 9A1
Erst dann darf sie ...	Only then she is allowed to ... 10.6
erst-	first 5.3
erwachen	awake, wake up 5.5
erwachsen	grown-up, adult 9B3
der/die **Erwachsene**, -n	adult, grown-up person 9B3
erzählen	tell 6B1
es	it 9A1
es geht nicht	it's impossible 9A1
etwa	approximately, about 7B3
Ich verdiene etwa 200 Mark.	I earn about 200 marks.
etwas	something 6C
euch	(to) you, yourselves 6C
euer, eure	your 2C
europäisch	European 8B1

F

fahren	drive 2B1
er fährt	he drives 2B3
die **Fahrkarte**, -n	ticket 10.3
der **Fahrpreis**, -e	fare 8B1
das **Fahrrad**, ¨er	bicycle 9A1
die **Fahrt**, -en	trip, drive, journey 8B1
falsch	wrong, incorrect 9A1
die **Familie**, -n	family 2B1
der **Familienname**, -n	family name, surname 1A1
die **Farbe**, -n	color 6A2
fast	nearly, almost 7B3
fast täglich	almost every day 7B3
die **Fastnachtsferien** (*pl.*)	vacation at carnival time 10.2
der **Februar**	February 10.2
fehlen	be missing 10.10
das **Femininum**, Feminina	feminine 3C
die **Ferien** (*pl.*)	vacation 2B1
die Frühjahrsferien (*pl.*)	spring vacation 10.2
ferner	further(more) 8B1
das **Fernsehen**	television 10.4
die **Ferse**, -n	heel 7B2
fertig	finished, ready 9C
die Arbeit fertig haben	have finished the work 9C
der **Film**, -e	film 9B3
finden	find 4A2
Das finde ich Spitze. (*colloq.*)	I think it's great. 4B2
der **Finger**, -	finger 7B2
die **Fläche**, -n	area, surface 10.1
der **Fleiß**	hard work, diligence 4B1
fliegen	fly 4B2
die **Flöte**, -n	flute, recorder 7A3
folgend	following 2B1
fortfahren	drive away 2B3
das **Foto**, -s	photo 1B
der **Fotoapparat**, -e	camera 9A1
fotografieren	photograph, take pictures 6A1
fragen	ask, ask questions 3A2
der **Fragesatz**, ¨e	question 1C
Französisch	French 4B1
die **Frau**, -en	woman 1A1
Frau S.	Mrs./Ms. S. 1A1
das **Fräulein**, -	young lady, unmarried woman 2A1
Fräulein S.	Miss S. 2A1
frei	fee 3A1
der **Freitag**, -e	Friday 4A1
die **Freizeit**	free time, leisure time 6B2
fremd	strange 8A2
die **Fremdsprache**, -n	foreign language 4B1
fressen	devour
er frißt	he devours 4B2
(sich) **freuen**	be glad 2A1
Freut mich!	Glad to meet you. 2A1
der **Freund**, -e	(*male*) friend, boyfriend 1A1
die **Freundin**, -nen	(*female*) friend, girlfriend 1A1
freundlich	friendly 4B1
frisch	fresh 10.9
früh	early 10.3
die **Frühjahrsferien** (*pl.*)	spring vacation 10.2
der **Frühling**	spring 10.2
der **Führerschein**, -e	driver's licence 9B3
der **Fünfhundertmarkschein**, -e	five hundred mark bill 2A2
fünfmal	five times 2A2

das **Fünfmarkstück**, -e	five mark coin 2A2
der **Fünfziger**, -	fifty pfennig coin 2A2
der **Fünfzigmarkschein**, -e	fifty mark bill 2A2
für	for 3B
Vielen Dank für die Karte!	Many thanks for the card! 3B
für Frau K.	for Mrs. K. 4B1
Ich interessiere mich für Musik.	I'm interested in music. 6A1
kein Platz für eine Tischtennisplatte	no room for a ping-pong table 6B2
furchtbar	terrible 10.7
der **Fuß**, ¨e	foot 7B2
der **Fußball**, ¨e	football 1B

G

der **Gang**, ¨e	gear (*in a motor, engine*) 9B1
ganz	whole 3C, quite, entirely 6A1
ganz besonders	especially 6A1
gar nicht	not at all, definitely not 9A1
gar nichts	nothing at all 8B1
das **Gasthaus**, -häuser	restaurant, inn 9B3
die **Gaststätte**, -n	restaurant 10.8
geben	give 9A1
es gibt	there is/there are 2B1
er gibt	he gives 5.3
das **Gebiß**, -sse	set of teeth; false teeth 5.5
das **Gebot**, -e	rule, command 9A2
gebrochen	broken 7B2
der **Geburtstag**, -e	birthday 8C
das **Geburtstagsgeschenk**, -e	birthday present 8B1
gedacht	thought (think) 8B1
gefallen	please 7B3
Das gefällt mir.	I like it. 7B3
gehen	go 2A1
Wie geht's?	How are you? How's it going? 2A1
Das geht.	That's possible. 7A1
Gehen wir schwimmen?	Shall we go swimming? 7A1
gehören	belong 5.2
gelb	yellow 6A2
das **Geld**	money 2A2
der **Geldschein**, -e	bill (*money*) 2A2
das **Geldstück**, -e	coin 2A2
der **Geldwechsel**, -	money exchange 10.8
der **Geldwechsler**, -	money changer 2A2
gelten	be valid 8B1
genau	exact(ly) 10.11
genug	enough 9C
der **Gepäckträger**, -	roof rack, carrier 10.10
gepfl. (= gepflegt)	well cared for 9B1
geradeaus	straight ahead 8A1
gerecht	fair 4B1
gern	gladly 6A1
gern haben	like, be fond of 6A1
das **Gerüst**, -e	skeleton, frame 5.5
das **Geschäft**, -e	shop, business 7B3
die **Geschichte**, -n	story 9C
die **Geschichte**	history 4A1
die **Geschwister** (*pl.*)	brothers and sisters 6A1
das **Gesicht**, -er	face 4B2
gesperrt	closed 8B2
Die Straße ist gesperrt.	The road is closed. 8B2
geteilt durch	divided by 1A2
gewöhnlich	usual, ordinary 8B1
gibt	gives 5.3
es gibt	there is/are 2B1
gilt	is valid 8B1
die **Gitarre**, -n	guitar 1B
gleich	immediately, at once 8A2; same, identical 10.10
der **Grad**, -e	degree 7A1
die **Grenze**, -n	border 3B
der **Groschen**, -	ten pfennig coin 2A2
groß	tall 6A1
größer als	taller than 10.11
der größte Schieler	the most cross-eyed person (*insult*) 4B2
die **Größe**, -n	size, height 6A1
die **Großeltern** (*pl.*)	grandparents 10.4
die **Großmama**, -s = die Großmutter, ¨	grandmother 2B3
größt-	greatest, biggest 4B2
der größte Schieler	the most cross-eyed person (*insult*) 4B2
grün	green 6A1
das **Grüne**	countryside 7B3
ins Grüne	to the country 7B3
die **Gruppe**, -n	group 7B3, band 8C
der **Gruß**, ¨e	greeting 2B1
herzliche Grüße	kind regards 2B1
günstig	reasonable, suitable 8B1
gut	good 1A1
Guten Tag!	Good morning. Hello! 1A1

H

das **Haar**, -e	hair 4B2
haben	have 2B1
halb	half 7A2
halb sechs	half past five 7A2
das **Halbjahr**, -e	half-year, semester 4B1
das **Hallenbad**, ¨er	indoor swimming pool 7B1
Hallo!	Hello! 1A1
der **Hals**, ¨e	neck 7B2
die **Halsschmerzen** (*pl.*)	sore throat 10.7
halten	stop 9A2
Hamburg	*city and federal state* 10.2
der **Hamburger**, -e	hamburger 1B
die **Hand**, ¨e	hand 7B2
die **Handarbeit**, -en	needlework 4B1
Handarbeit	needlework 4A1
das **Handarbeitszeug**	needlework materials 4A1
der **Handball**	handball 6A3
die **Handschaltung**, -en	hand gear control 9B1
die **Hauptschule**, -n	school (*one type in German system*) 3B
das **Hauptwort**, ¨er	noun 3C
das **Haus**, ¨er	house 7B3
nach Hause	home 7B3
zu mir nach Hause	to my place 7B3
zu Hause	at home 7B3
Patty nach Hause bringen	see P. home 9B2
die **Hausaufgabe**, -n	homework 4A2
das **Hausaufgabenheft**, -e	notebook for homework 4C
die **Hausfrau**, -en	housewife 10.4
das **Heft**, -e	workbook 3A3
heiraten	marry 9B3
heißen	be called
Ich heiße ...	I'm called ..., My name is ... 1A1
helfen	help
er hilft	he helps 4B1
hellblau	light blue 6A1
heraus	out of
herausnehmen	take out (of) 4A2
der **Herbst**	autumn 10.2
der **Herr**, -en	gentleman 1A1
Herr B.	Mr. B. 1A1
herum	around
herumwerfen	throw around 10.6
herzlich	cordial, heartily 2B1
herzliche Grüße	kind regards 2B1
Hessen	Hesse (*federal state*) 10.2
heute	today 2B3
heute abend	this evening, tonight 3A2
hier	here 3A3
der **Hilfsmotor**, -en	auxiliary motor 9B1
hilft	helps 4B1
der **Himmel**, -	sky 6A2
das **Hinterrad**, ¨er	rear wheel 10.10
der **Hinweis**, -e	tip, notice 8B1
das **Hobby**, -s	hobby 6A1
das **Hockey**	hockey 6A3
der **Hof**, ¨e	yard, courtyard, school playground 10.5
höflich	polite 2C
holen	get, fetch 9A1
hören	hear 5.5
Musik hören	listen to music 6A1
das **Hotel**, -s	hotel
der **Hund**, -e	dog 4B2
der **Hundertmarkschein**, -e	hundred mark bill 2A2
hüpfen	hop, jump 7B1

I

ich	I 1A1
ihn	him 7B3
Ich kenne ihn.	I know him. 7B3
ihr	you (*pl.*) 1B
Welche Wörter kennt ihr?	Which words do you know? 1B
ihr(e)	her 6A1
Ihre Haare sind braun.	Her hair is brown. 6A1
Ihr(e)	your (*polite form*) 2C
Ihr Name	your name 2C
im (= in dem)	in the 2B1
im Wörterbuch	in the dictionary 2B1
immer	always, all the time 6B2
der **Imperativ**, -e	imperative 4C
in	in 1A1
in Hamburg	in Hamburg 1A1
die **Information**, -en	information 1B
innerhalb	within, inside 8B1
ins (= in das)	into the 7B3
ins Grüne fahren	drive to the country 7B3
interessant	interesting 4A1
interessieren	interest
Ich interessiere mich für ...	I'm interested in ... 6A1
international	international 1B
das **Inter-Rail-Ticket**, -s	Inter-rail-ticket 8B1
das **Interview**, -s	interview 5.2
ein Interview machen	make an interview 5.2
die **Intonation**	intonation 1A1
ist	is 1A1
Das ist ...	That is ... 1A1
Italienisch	Italian 10.1

J

ja	yes 2A1
das **Jahr**, -e	year 1A2
Er ist zwölf Jahre alt.	He is twelve years old. 1A2
das **Jahresende**, -n	end of the year 4B1
bis zum Jahresende	until the end of the year 4B1
der **Januar**	January 10.2
die **Jeans** (*pl.*)	jeans 1B
jed-	every, each 5.3
Jeder würfelt.	Each one throws the dice. 5.3
jeden Tag	every day 7B3
jetzt	now 2B3
der **Job**, -s	job, work 7B3
das **Judo**	judo 6A3
der **Judoanzug**, ¨e	judo suit 9B3
die **Jugendherberge**, -n	youth hostel 3A2
der/die **Jugendliche**, -n	young person, adolescent, youth 8B1
die **Jugendmannschaft**, -en	youth team 6B2
das **Jugendzentrum**, -zentren	youth center 8A2
der **Juli**	July 10.2
jung	young 2B1
der **Jungenname**, -n	boy's name 1A1
der **Juni**	June 10.2
der **Junior**, Junioren	young person, adolescent, youth 8B1
der **Junior-Paß**, ¨sse	youth pass, youth ticket 8B1

K

der **Kaffee**	coffee 1B
der **Kamm**, ¨e	comb 4B2
kann: ich kann ...	I am able to, I can ... 7A1
Kannst du am Samstag?	Can you come on Saturday? 7A1
Kann ich mal ... haben?	Can I have ...? 9A1
kaputt	broken, defective 7B2
die **Karte**, -n	map, card 3A3; postcard 3B
die **Kassette**, -n (= die Cassette)	cassette 1B
kaufen	buy 7B3
das **Kaufhaus**, ¨er	department store 8A2
kein(e)	no, none, not any 4A1
Deutsch macht keinen Spaß!	German isn't fun! 4A1
kennen	know 1B
die **Kette**, -n	chain 10.10
der **Kilometer**, -	kilometer 8B1
die **Kilometerbegrenzung**, -en	speed limit 8B1
das **Kind**, -er	child 4C
das **Kinn**	chin 7B2
das **Kino**, -s	cinema 7A3
die **Kirche**, -n	church 3B
die **Klamotten** (*pl. colloq.*)	clothes, things 7B3
klappern	rattle 5.5
die **Klasse**, -n	class 1A1
Klasse! (*colloq.*)	Great! 4A1
zweite Klasse	second class 10.3
der **Klassenkamerad**, -en	classmate 8C
die **Klassenlehrerin**, -nen	homeroom teacher (*female*) 1A1
der **Klassensprecher**, -	class representative 4B1
das **Klassenzimmer**, -	classroom 10.5
das **Kleid**, -er	dress 7B3
klein	small, little 3B
die **Kleinanzeige**, -n	small advertisement, classified advertisement 9B1
km (= Kilometer, -)	kilometer 9B1
das **Knie**, die Knie	knee 7B2
kochen	boil 2B3; boil with rage 2B3
kommen	come 1A1
Woher kommst du?	Where do you come from? 1A1
die **Konjugation**, -en	conjugation 1C
können	be able 7A1, be capable, be in a position 9C
der **Kopf**, ¨e	head 7B2
kosten	cost 2A2
die **Kreide**, -n	chalk 10.6
kreuz und quer	in all directions 8B1
die **Kuh**, ¨e	cow 4B2 (*insult*), 10.9
der **Kuli**, -s (*colloq.*)	ballpoint pen 3A3
die **Kunst**, ¨e	art 4A1
das **Kunstgeschichtsbuch**, ¨er	art history book 4A1

kurz	short, brief, in a few words 8B2
kurze Haare	short hair 10.11

L

lachen	laugh 9C
das **Land**, ¨er	country 2B1
die **Landkarte**, -n	map 3A3
lang	long 4B2
ein Jahr lang	one whole year, for one year 8B1
lange	long 7A3
Wie lange dauert das?	How long will it last? 7A3
länger	longer 10.2
langsam	slow 9A2
langweilig	boring 4A1
das **Laufen**	running, sprinting 6A3
das **Lebensjahr**, -e	year of one's life 8B1
legen	place, lay 3B
der **Lehrer**, -	(*male*) teacher 1A1
die **Lehrerin**, -nen	(*female*) teacher 1A1
die **Leiche**, -n	corpse 5.5
leicht	easy, simple 9B3
die **Leichtathletik**	track and field athletics 6A3
leid: Tut mir leid.	I'm sorry. 8A2
leider	unfortunately 6B2
der **Lenker**, -	handlebar 10.10
lernen	learn 4A2
das **Lesen**	reading 6A1
die **Leseübung**, -en	reading exercise 8C
die **Leute** (*pl.*)	people 2B1
das **Licht**, -er	light 10.10
lieb	kind, nice 6B1, dear 2B1
Lieber Henk!	Dear Henk! 2B1
Sie ist lieb zu mir.	She is kind to me. 6B1
lieb haben	prefer, love dearly 6B1
lieben	love 4B2
das **Lieblingsfach**, ¨er	favorite subject 6A1
der **Lieblingssport**	favorite sport 6B2
liebst-	favorite 6A3
am liebsten haben	like most of all 6A3
das **Lied**, -er	song 2B3
liegen	lie, be located 3A1
das **Lineal**, -e	ruler 3A3
link-	left 2B3
der linke Reifen	the tire on the left-hand side 2B3
links	to the left, on the left 3B
die **Liste**, -n	list 2B1
das **Loch**, ¨er	hole, puncture 2B3
der **Luftkurort**, -e	climatic health resort, spa 3B
lustig	funny, jovial 10.9
etwas Lustiges	something funny 10.9

M

m (= der Meter, -)	meter 6A1
machen	do 2A2, make 5.2
die Aufgaben machen	do the exercises 2A2
Urlaub machen	go on vacation 2B1
Hausaufgaben machen	do homework 4A1
etwas macht Spaß	something is fun 4A1
Angst machen	cause fear, frighten 4B1
ein Interview machen	make an interview 5.2
Musik machen	play music 6A1
der **Mädchenname**, -n	girl's name 1A1
mag: ich mag	I like, I am fond of 6A1
Dieter mag Musik.	Dieter likes music. 6A1
Magst du ...?	Do you like ...? 7C
der **Mai**	May 10.2
mal	multiplied by 1A2, (= einmal) once, for once 8A1
sieben mal zwei	seven times two 1A2
Zeig mir mal die Karte!	Just show me the map! 8A1
malen	paint 6A1
man	one (people) 8B1
Hier muß man halten.	One must stop here. 9A2
Man spricht Deutsch in ...	German is spoken in ... 10.1
manch-	some 8B1
manchmal	sometimes 7A3
mangelhaft	poor (*grade*) 4B1
der **Mann**, ¨er	man (*male person*) 2B3
die **Mannschaft**, -en	team 6B2
die **Mark**, -	German mark 2A2
das **Markstück**, -e	one mark coin 2A2
der **Mars**	Mars 2B2
der **März**	March 10.2
die **Maschine**, -n	machine, motorcycle 9B1
das **Maskulinum**, Maskulina	masculine 3C
Mathe (*colloq.* = die Mathematik)	math, mathematics 4A1
das **Mathebuch**, ¨er	math book 4A1
der **Mechaniker**, -	mechanic 2B1
das **Meer**, -e	sea 2B1
mehr	more 1B
mehr als	more than 9B3
noch mehr	even more 10.5
mein(e)	my
mein Freund	my friend (*male*), my boyfriend 1A1
meine Freundin	my friend (*female*), my girlfriend 1A1
die **Meinung**, -en	opinion
meiner Meinung nach	in my opinion 10.5
meist-	
die meisten	most of (them) 2B1
der **Mensch**, -en	man, human being 10.1
der **Meter**, -	meter 6A1
mich	me
Freut mich!	I'm glad. 2A1
die **Milch**	milk 10.9
minus	minus, less 1A2
die **Minute**, -n	minute 7A3
mir	me, to me 3B
Tut mir leid.	I'm sorry 8A2
der **Mist**	
So ein Mist! (*colloq.*)	Shucks! 5.3
mit	with
vergleichen mit	compare with 4A1
Bringt das Turnzeug mit!	Bring the sports equipment along. 4A2
mitbringen	bring along 4A2
mitschreiben	write down 4A2
mitkommen	come along 5.1
der **Mitschüler**, -	fellow student 5.2
der **Mittag**, -e	midday, noon 7A3
am Mittag	around midday, at noon 7A3
die **Mitte**	center, middle 3B
die **Mitternacht**	midnight 5.5
um Mitternacht	at/around midnight 5.5
der **Mittwoch**	Wednesday 4A1
möchte: ich möchte	I like to 9A1
das **Modalverb**, -en	modal verb 9C
das **Mofa**, -s	motor scooter 9A1
das **Mokick**, -s	motor scooter 9B1
der **Moment**, -e	moment 8A1
Moment!	Just a minute! 8A1
der **Monat**, -e	month 7B3
der **Mond**, -e	moon 6A2
der **Mondschein**	moonlight 5.5
der **Montag**, -e	Monday 4A1
der **Monteur**, -e	assembly line worker 10.4
das **Moped**, -s	motor scooter 9B3
morgen	tomorrow 4A2
der **Morgen**, -	morning 7A3
am Morgen	in the morning 7A3
der **Motor**, Motoren	motor 2B3
das **Motorrad**, ¨er	motorbike 7B3
der **Mund**, ¨er	mouth 7B2
die **Musik**	music 6A1
Musik machen	play music 6A1
muß: ich muß	I must, I have to 7B3
Wann mußt du ...?	When do you have to ...? 7B3
müssen	have to, ought to 7B3
die **Mutter**, ¨	mother 6A1
die **Muttersprache**, -n	native language 10.1

N

nach	to 2B1, past 7A2
nach Holland	to the Netherlands 2B1
Viertel nach zehn	a quarter past ten 7A2
nachfragen	ask further questions, inquire, check 3A2
der **Nachmittag**	afternoon 7A1
am Nachmittag	in the afternoon 7A1
nachmittags	in the afternoon 8B1
nachschlagen	look up, refer 2B1
nächst-	next, nearest
die nächste rechts	the next one to the right 8A2
die **Nacht**, ¨e	night 10.7
heute nacht	tonight 10.7
nachts	at night 8B1
der **Name**, -n	name 2A1
die **Nase**, -n	nose 7B2
die **Natur**, -en	nature 7B3
natürlich	naturally, of course 9A1
neben	next to, beside 8A2
nehmen	take 4A2
nimm	take 9A1
nein	no 2A1
neu	new 9B1
das **Neutrum**, Neutra	neuter 3C
nicht	not 3A2
der **Nichtraucher**, -	non smoker 10.8
nichts	nothing 7B3
nicken	nod 9B2
die **Niederlande** (*pl.*)	the Netherlands 2B1
Niedersachsen	Lower Saxony (*federal state*) 10.2
niemand	no one 9A1
nimm	take 9A1
noch	still 8B1, yet 9A1
nur noch	no more than 8B1
noch mehr	even more 10.5
der **Nominativ**, -e	nominative 4C
Nordrhein-Westfalen	North-Rhine Westphalia (*federal state*) 10.2
der **Normalpreis**, -e	usual price 8B1
die **Note**, -n	mark 4B1
die **Notiz**, -en	note 5.1
der **November**	November 10.2
Nr. (= Nummer)	No., number 3A2
die **Nummer**, -n	number 3A3
nur	only 2A2
nur noch	no more than 8B1

O

oben	top, on top, above 3B
oder	or 2A2
die **Öffnungszeit**, -en	opening time 7A1
oft	often 2B1
Wie oft?	How often? 7A3
Oh!	Oh! 5.1
ohne	without 2A2
das **Ohr**, -en	ear 7B2
O.K.	O.K. 7A1
der **Oktober**	October 10.2
olympisch	olympic 6A3
die **Olympischen Spiele** (*pl.*)	Olympic Games 6A3
orange	orange 6A2
die **Ordnungszahl**, -en	ordinal number 8C
die **Orientierung**, -en	orientation 8A2
die **Ortspräposition**, -en	preposition of place 8C
die **Osterferien** (*pl.*)	Easter vacation 10.2
Ostern	Easter 10.2
Österreich	Austria 10.1

P

der **Paragraph**, -en (= §)	paragraph 10.5
parken	park 9A2
der **Parkplatz**, ¨e	parking lot 5.1
der **Partner**, -	partner 9B3
die **Party**, -s *or* Parties	party 7A3
der **Paß**, Pässe	passport 1B
passend	suitable, appropriate 9A2
die **Pause**, -n	break 10.5
das **Pedal**, -e	pedal 10.10
die **Person**, -en	person 3C
das **Personalpronomen**, -	personal pronoun 1C
der **Pfennig**, -e	pfennig 2A2
das **Pferd**, -e	horse 10.11
Pfingsten	Pentecost 10.2
der **Pflichtunterricht**	required course 4B1
die **Physik**	physics 4A1
das **Physikbuch**, ¨er	physics book 4A1
das **Piktogramm**, -e	pictograph 6A3
der **Pilot**, -en	pilot 1B
pinkeln (*colloq.*)	piddle 4B2
der **Pkw**, -s (= der Personenkraftwagen, -)	passenger car 5.1
der **Plan**, ¨e	plan 9B2
die **Platte**, -n (= Schallplatte, -n)	record 6A1
der **Plattenspieler**, -	record player 9A1
der **Platz**, ¨e	place, space 6B2, seat 10.8
der **Plural**	plural 1C
die **Pluralform**, -en	plural 3C
plus	plus 1A2
die **Polizei**	police 8A2
die **Polytechnik**	polytechnics 4B1
populär	popular 6A3
das **Possessivpronomen**, -	possessive pronoun 1C
die **Post**	post office 8A2
das **Postamt**, ¨er	post office 10.8
die **Postkarte**, -n	postcard 3B
das **Präsens**	present tense 1C
die **Praxis**, Praxen	practice, Doctor's office 10.7
der **Preis**, -e	price 8B1
prima	great! 7A1
das **Problem**, -e	problem 8B2
das **Prozent**, -e	percent 8B1
das **P.S.** (= das Postskriptum, die Nachschrift)	P.S., postscript 5.2
der **Pullover**, -	sweater, pullover 7B3
der **Punkt**, -e	point 5.3
pünktlich	punctual, prompt 10.5
putzen	clean (out) 7B3

Q

qkm (= der Quadratkilometer, -)	square kilometer 10.1
quer durch	across, right through 8B1

R

das **(Fahr)Rad**, ¨er	bicycle 9A1
das **Radfahren**	bicycle riding 6A3
die **Rakete**, -n	rocket 6A2

der **Rand**, ¨er — edge, margin 2B1
das **Rathaus**, ¨er — town hall, city hall 8A2
der **Rathausplatz**, ¨e — town square, city square 8A2
Rätoromanisch — Rhaetian dialects, Romansh language 10.1
der **Raucher**, - — smoker 10.8
das **Rechenspiel**, - — arithmetic game 2A2
rechnen — work out, calculate 1A2
recht haben — be right 10.5
rechts — to the right 3B
oben rechts — top right 3B
die nächste rechts — the next one to the right 8A2
reden — talk 10.5
der **Reifen**, - — tire 2B3
reiselustig — fond of travelling 8B1
reisen — travel 8B1
der **Reisepaß**, -pässe — passport 1B
das **Reiten** — riding 6A1
die **Religion** — religion 4A1
das **Religionsbuch**, ¨er — religion book 4A1
rennen — run 10.5
der **Rentner**, - — retired person 10.4
die **Republik**, -en — republic 10.1
restlich — rest, remainder, remaining 7B3
Rheinland-Pfalz — Rhineland-Palatinate (*federal state*) 10.2
richtig — right, correct 9A1
Das macht richtig Spaß! — That's really fun! 4A1
richtig – falsch — right – wrong 9A1
das **Ringen** — wrestling 6A3
das **Rollenspiel**, -e — role-play 3A2
das **Rollschuhlaufen** — roller skating 6A3
rot — red 6A2
rotbraun — reddish-brown 6A1
das **Rotkäppchen** — Little Red Riding Hood 2A1
die **Rückfahrkarte**, -n — return ticket 10.3
die **Rückfahrt**, -en — return trip 10.3
rückfragen — inquire (again), check 9C
das **Rücklicht**, -er — tail light 10.10
das **Rudern** — rowing 6C
rufen — call (*on the telephone*) 2B3
die **Ruhe** — peace, quiet 9B2
ruhig — quiet, calm 10.5

S

das **Saarland** — the Saar, Saarland (*federal state*) 10.2
die **Sache**, -n — thing 3C, affair, matter, something 8B1
die **Sackgasse**, -n — blind alley 10.9
sagen — say 4A2
sammeln — collect, compile 1B
mehr Wörter sammeln — collect more words 1B
der **Samstag**, -e — Saturday 4A1
samstags — on Saturdays 7B3
der **Sattel**, ¨ — saddle 10.10
der **Satz**, ¨e — sentence 1C
die **Satzfrage**, -n — interrogative sentence 2C
die **Satzklammer**, -n — "sentence clamp" 9C
der **Satzrahmen**, - — sentence structure 4C
sauber — clean 10.6, neat 10.5
sauber schreiben — write neatly 10.5
sauer — sour 10.6
Er ist ganz sauer. — He is very annoyed. 10.6
schade — pity, what a pity 7A1
die **Schallplatte**, -n — record 6A1
die **Schaltung**, -en — gears 10.10
der **(Geld)Schein**, -e — bill (*money*) 2A2, 3C
schieben — push 10.6
der **Schieler**, - — cross-eyed person 4B2
das **Schifahren** — skiing 6A3
das **Schilaufen** — skiing 6A3
das **Schild**, -er — sign 5.1
schimpfen — grumble, swear 2B3
schlafen — sleep 2B1
schlagen — strike, beat 5.5
Schleswig-Holstein — (*federal state*) 10.2
die **Schleudergefahr** — danger of skidding 10.9
der **Schmerz**, -en — pain, pains 10.7
starke Schmerzen — strong pains 10.7
der **Schmierer**, - — scribbler 4B2
schnell — fast, quick 3C
schon — already 1A1
Bist du schon vierzehn? — Are you already fourteen? 1A1
schön — nice, lovely 2B2
Bitte schön! — Here you are! Please! 3A1
der **Schornsteinfeger**, - — chimney-sweep 4B2
schreiben — write 3A2
das **Schulbuch**, ¨er — school book 4A1
die **Schule**, -n — school 1A1
der **Schüler**, - — pupil 3C
die **Schülerin**, -nen — school girl 10.4
das **Schulfach**, ¨er — school subject 4A1
das **Schuljahr**, -e — school year 4B1
die **Schulordnung**, -en — school rules 10.5
die **Schulsachen** (*pl.*) — school things 4A1
die **Schultasche**, -n — school bag 9A1
die **Schulter**, -n — shoulder 7B2
das **Schutzblech**, -e — mud guard 10.10
der **Schwamm**, ¨e — sponge 3C
schwarz — black 6A1
die **Schweiz** — Switzerland 10.1
schweizerisch — Swiss 10.1
die **Schwester**, -n — sister 2B1
das **Schwimmbad**, ¨er — swimming pool 3B
schwimmen — swim 5.1
das **Schwimmen** — swimming 6A3
sehen — see, look 2B3
seht mal — have a look 2B3
sehr — very 3B
sein — be 1A1
Ich bin zwölf. — I'm twelve. 1A1
sein(e) — his 2B1
seine Schwester — his sister 2B1
seit — for, since 6B2
seit zwei Jahren — for two years 6B2
seit wann? — how long? 8A1
die **Seite**, -n — page 4A2
der **Seitenwind**, -e — crosswind 10.9
die **Sekretärin**, -nen — secretary 2B1
selbst — self 2A2
selbst ... machen — do ... yourself 2A2
selten — seldom 7A3
der **September** — September 3B
setzen — set, place 3C
Sg. (= der Singular) — singular 9C
sich — oneself 6A1
Er interessiert sich für Musik. — He's interested in music. 6A1
sie — they, she 1A1
Sie — you (*polite*) 2A1
der **Sieger**, - — winner 5.3
siehst: du siehst — you see 7C
sind: sie sind — they are 1A1
singen — sing 9C
der **Singular** — singular 1C
sitzen — sit 10.6
so — so, well 4A2
so oft sie wollen — as often as they wish 8B1
Bist du immer so? — Are you always like that? 9A1
So ist es in ... — That's what it is like in ... 9B3
so viel — so much 10.6
genauso groß wie ... — exactly as tall as ...
sollen — ought to, should 9A2, be said to, be ordered to 9C
der **Sommer** — summer 10.2
die **Sommerferien** (*pl.*) — summer vacation 8B2
der **Sonnabend**, -e — Saturday 7A3
der **Sonntag**, -e — Sunday 7A1
sonst — otherwise 5.3, on the other days 7B3
sooft — as often (as) 5.3
die **Sozialkunde** — social studies 4A1
das **Sozialkundebuch**, ¨er — social studies book 4A1
sparen — save 8B1
der **Spaß**, ¨e — fun, joke 4A1
Das macht Spaß. — That's fun. 4A1
spät — late 7A2
später — later 10.3
spätestens — at the latest 7B3
das **Spiel**, -e — game 6A3
spielen — play 3A2
der **Spieler**, - — player 5.3
die **Spielregel**, -n — rule of the game 5.3
Spitze! (*colloq.*) — Great! 4A1
Sport ist Spitze. — Sports are great. 4A1
der **Sport** — sport 4A1
die **Sportart**, -en — type of sport 6A3
der **Sportclub**, -s — sport club 9A1
die **Sprache**, -n — language 8A1
sprechen — speak 2B2
Man spricht Deutsch in ... — German is spoken in ... 10.1
springen — jump 7B1
das **Stadion**, Stadien — stadium 8A2
die **Stadt**, ¨e — town, city 2B1
der **Stadtplan**, ¨e — town plan, city map 8A2
der **Star**, -s — star 8C
stark — strong 6A1
Sport ist stark. — Sports are great. 6A1
starke Schmerzen — strong pains 10.7
statt — instead (of) 8B1
stehen — be written 5.1
Was steht auf dem Schild? — What's written on the board? 5.1
die **Steigerung**, -en — comparison 6C
stellen — put, place 10.6
still — quiet, still 10.6
Str. (= Straße) — Street, Road 8A2
die **Straße**, -n — street, road 8A1
streng — strict 10.6
der **Student**, -en — student 8B1
das **Stück**, -e — piece 3C, coin 2A2
der **Stuhl**, ¨e — chair 3A3
die **Stunde**, -n — hour, lesson 4A1
der **Stundenplan**, ¨e — schedule 4A1
suchen — look for, search 9A2
der **Süden** — south 8A1
der **Supermann**, ¨er — superman 7B1

T

die **Tafel**, -n — blackboard 3A3
der **Tag**, -e — day 1A1
Guten Tag! — Good Morning. Hello! 1A1
täglich — daily, every day 7B3
die **Tankstelle**, -n — gas station 8A2
tanzen — dance 5.5
das **Tanzen** — dancing 6A3
die **Tasche** — bag 3A3
tauchen — dive 2A2
der **Tausendmarkschein**, -e — thousand mark bill 2A2
das **Taxi**, -s — taxi 10.8
die **Technik** — technology, (poly)technics 6A1
der **Tee**, -s — tea 7B3
das **Teil**, -e — part 9B1
Tel. (= das Telefon) — telephone
das **Telefon**, -e — telephone 1B
telefonieren — phone 9B1
die **Telefonnummer**, -n — telephone number 9B1
die **Telefonzelle**, -n — telephone booth 8A2
das **Tennis** — tennis 6B1
der **Termin**, -e — appointment 10.7
der **Terminplan**, ¨e — itinerary 8C
teuer — expensive 9B1
das **Ticket**, -s — ticket 8B1
das **Tier**, -e — animal 6B1
der **Tip**, -s — tip, hint 8B1
der **Tisch**, -e — table 3A3
das **Tischtennis** — ping-pong, table tennis 6A3
der **Tischtennisclub**, -s — ping-pong club, table tennis club 6B2
die **Tischtennisplatte**, -n — ping-pong table 6B2
die **Toilette**, -n — restroom 2A1
toll — terrific, great 8A1
der **Top-Zustand** — top condition 9B1
die **Tour**, -en — tour 8B1
auf Tour gehen — take the road 8B1
der **Tourismus** — tourism 10.1
der **Tourist**, -en — tourist 1B
die **Touristeninformation**, -en — tourist information 8A2
die **Tourist-Info** — tourist information 8A2
die **Tournee**, -n — tour 8C
trainieren — train 9A1
das **Training** — training 7B3
trampen — hitchhike 8A1
der **Tramper**, - — hitchhiker 8B1
treffen — meet 2B3
sich treffen — meet, gather 8A1
er trifft — he meets 8C
trennbar — separable 4C
die **Tretnähmaschine**, -n — treadle sewing machine 9B1
trifft: er trifft — he meets 8C
trinken — drink 7B3
Tschüs! — Bye. Goodbye. 7A1
tun — do 7B3
Was tut weh? — What hurts? 7B2
Tut mir leid! — I'm sorry. 8A2
der **Turnschuh**, -e — sneaker 4A1
das **Turnzeug** — sports equipment 4A2

U

Ü (= Übung) — exercise 1A1
üben — practise, exercise 7B1
die **Übung**, -en — exercise 1A1
über — over 2A2
das Jahr über — all year round 8B1
über die Straße — across the street 9A2
über 90 Millionen — more than 90 million 10.1
Gespräche über Ferien — conversations about vacations 10.2
überhaupt — at all 6A1
überhaupt nicht — not at all 6A1
die **Übernachtung**, -en — overnight stay 8B1
übrigens — by the way 8A1
das **Ufer**, - — bank (*of river*) 10.9
das **Ufo**, -s — unidentified flying object 2B2
die **Uhr**, -en — clock 5.5
um drei Uhr — at three o'clock 7A1
Es ist ein Uhr. — It is one o'clock. 7A2
die **Uhrzeit** — time 7A2
um — around, about, at 5.5
um drei Uhr — at three o'clock 7A1
die **Umleitung**, -en — detour 8B2
umsteigen — change (train) 10.3
umwerfen — tip over, throw around 10.6
unbekannt — unknown 10.6
unbestimmt — indefinite 3C
und — and 1A1
ungenügend — insufficient, poor (*grade*) 4B1
das **Universum** — universe
Miss Universum — Miss Universe 2B2
uns — us 4B1, ourselves 6C

Wir interessieren uns für ...	We are interested in ... 6C
unser(e)	our 2C
unten	below, at the bottom 3B
unter	under, below 8B1
unternehmen	undertake 7B3
der **Unterricht**	lesson(s) 10.5
unterwegs	on the way, en route 8A1
der **Urlaub**, -e	vacation 2B1
die **USA** (*pl.*)	U.S.A. 3A1

V

der **Vater**, ¨	father 2B2
die **Verabredung**, -en	date, appointment 7A1
das **Verb**, -en	verb 4C
das **Verbot**, -e	restriction, prohibition 9A2
verboten	forbidden 2A2
mit verbotenen Zahlen	with forbidden numbers 2A2
verdienen	earn 7B3
der **Verein**, -e	club 6B2
vergleichen	compare 4A1
die **Verhandlungsbasis**	negotiating price 9B1
verkaufen	sell 9B1
das **Verkehrszeichen**, -	traffic sign, road sign 10.9
die **Verkehrszentrale**, -n	tourist information agency 10.1
verschenken	give away 8B1
die **Versicherung**, -en	insurance 9B1
verstehen	understand 2B1
die **Verzeihung**	
Verzeihung, heißen Sie ...?	Pardon me, is your name ...? 2B2
viel	much 3B, a lot 7B3
Vielen Dank!	Many thanks! 3B
viele	many 1A2
vielleicht	perhaps 9A2
der **Vierer**, -	four (*bad grade*) 4B2
das **Viertel**, -	quarter 7A2
Viertel nach zehn	a quarter past ten 7A2
Viertel vor elf	a quarter to eleven 7A2
die **Viola**, Violen	viola 4B2
vollendet	finished, completed 8B1
der **Volleyball**	volleyball 6A3
das **Volleyballspielen**	playing volleyball 6B2
vom = von dem	of, from the 2B2
vom Mars	from Mars 2B2
von	of 3B
eine Karte von Ronshausen	a postcard from R. 3B
von drei bis sechs (Uhr)	from three till six 7C
von ... nach ...	from ... to ... 8C
vor	
Viertel vor elf	a quarter to eleven 7A2
vorbereitet	prepared 4B1
das **Vorderrad**, ¨er	front wheel 10.10
vorlesen	road to somebody 9B2
der **Vormittag**, -e	morning 7A3
der **Vorname**, -n	given name, Christian name 3A2
vorn(e)	in front 10.7
die **Vorsicht**	caution, care 9A2
Vorsicht!	Careful! Beware! 9A2

W

wählen	select, choose, elect 9B3
der **Wahlpflichtunterricht**	required elective subject 4B1
der **Wald**, ¨er	wood(s) 3B
wann?	when? 7A1
war: er war	he was 4B2
Das war's!	That's it. It's over, finished now. 4B2
wäre: er wäre	he would be 8B1
waren: wir waren	we were 2B1
das **Warmbad**, ¨er	warm bath 7A1
warten	wait 8B2
warum?	why? 7A1
warum nicht?	why not? 7A1
was?	what? 2A2
Was kostet ...?	What is the price of ...? 2A2
Was ist ...?	What is ...? 3A3
der **Waschraum**, ¨e	washroom 10.8
das **Wasser**	water 5.1
das **Watt**	mud flats 5.1
das **WC**, -s	restroom 5.1
wechseln	change 2A2
der **Weg**, -e	way, route 8B2
weg	away
wegfahren	go away, drive away 7B3
wegziehen	move, remove 9B3
von zu Hause wegziehen	move away from home 9B3
weh	sore, painful 7B2
Was tut weh?	What hurts? 7B2
Weihnachten	Christmas 10.2
die **Weihnachtsferien** (*pl.*)	Christmas vacation 10.2
weil	because 6B2
der **Wein**, -e	wine 9B3
weiß	white 6A2
weiß: ich weiß	I know 4A2
weiter	further 5.3
Ich will weiter nach Süden.	I want to go further south. 8A1
in weiteren Ländern	in other countries 8B1
weitergehen	pass on 5.3
welch-	which 1B
Welche Wörter kennt ihr?	Which words do you know? 1B
Welche Sportarten?	Which sports? 6A3
die **Welt**, -en	world 10.1
wen?	whom? 9C
wenn	when 6B1
wer?	who? 1A1, whoever 5.3, 8B1
Wer ist das?	Who is that? 1A1
werden	become 8B1
gekauft werden	be purchased 8B1
werfen	throw 10.6
der **Westbahnhof**	western railroad station 10.3
wichtig	important 8A1
wie?	what?, how? 1A1
Wie heißt du?	What's your name? 1A1
Wie alt bist du?	How old are you? 1A1
Wie viele ...?	How many ...? 1A2
Wie heißt das?	What is it called? 3A3
Wie bitte?	What did you say?, (I beg your) pardon? 3A2
wie lange?	how long? 7A3
wie oft?	how often? 7A3
wieder	again 3B
die **Wiederholung**, -en	repetition 7C
das **Wiedersehen**	
Auf Wiedersehen!	Goodbye, till we meet again! 2B3
wieviel?	how much?
Wieviel ist ...?	How much is ...? 1A2
will: er will	he wants 5.3
willkommen	welcome
Herzlich willkommen! (*expresses sincerity*)	Welcome! 2A1
willst: du willst	you want 8A1
der **Winter**	winter 10.2
wir	we 2B1
wirklich	really, actually 9A1
wissen	know 10.1
ich weiß	I know 4A2
der **Witz**, -e	joke 4B2
wo?	where? 1A1
Wo wohnst du?	Where do you live? 1A1
die **Woche**, -n	week 7A3
das **Wochenende**, -n	weekend 7B3
der **Wochenplan**, ¨e	schedule for the week 7A
wochentags	on weekdays 7B3
woher?	from where? 1A1
Woher kommst du?	Where do you come from? 1A1
wohin?	where (to)? 8A1
Wohin willst du?	Where are you going? 8A1
wohnen	live 1A1
Wo wohnen sie?	Where do they live? 1A1
die **Wolke**, -n	cloud 6A2
wollen	want, wish 8B1, desire 9C
das **Wort**, ¨er	word 1B
das **Wörterbuch**, ¨er	dictionary 2B1
die **Wortfrage**, -n	interrogative (who?, where? etc.) 2C
die **Wortstellung**	word order 9C
würde: Ich würde am liebsten ...	I would like most of all ... 6B2
der **Würfel**, -	dice 5.3
würfeln	throw dice 5.3

Z

die **Zahl**, -en	number 2A2
zahlen	pay 8B1
zählen	count 1A2
die **Zahnschmerzen** (*pl.*)	toothache 10.7
das **Zahnweh**	toothache 10.7
die **Zehe**, -n	toe 7B2
der **Zehner**, -	ten pfennig coin 2A2
zehnmal	ten times 2A2
der **Zehnmarkschein**, -e	ten mark bill 2A2
das **Zeichen**, -	sign 10.8
zeichnen	draw 4B2
zeigen	show 8A1
die **Zeit**, -en	time 7C
die **Zeitdauer**	duration 7C
der **Zeitpunkt**, -e	(point in) time, moment 7C
die **Zeitung**, -en	newspaper 9B1
die **Zeitwiederholung**, -en	repetition 7C
das **Zelt**, -e	tent 2B1
der **Zeltplatz**, ¨e	campground 5.1
die **Zentrale**, -n	center, central office 10.1
das **Zeugnis**, -se	school report 4B1
das **Zimmer**,	room 3C
zu	to, too
Er ist lieb zu mir.	He is nice to me. 6B1
Ich will zu ... fahren.	I want to drive to ... 9A1
zu Hause	at home 6B2
zum Bahnhof	to the station 8C
zur Bank	to the bank 8C
zu verkaufen	for sale 9B1
zu spät	too late 10.0
zuerst	first 8A2
zufrieden	satisfied 4B1
der **Zug**, ¨e	train 8B1
zum = zu dem	to the
bis zum Jahresende	until the end of the year 4B1
zum Bahnhof	to the station 8C
zum Spielen gehen	go out and play 10.6
zur = zu der	to the
die Grenze zur DDR	the border to the German Democratic Republic 3B
Wie komme ich zur Autobahn?	How do I get to the highway / freeway? 8A1
zurück	back(wards) 9A1
Ich bin zurück.	I'll be back. I am back. 9A1
zurückfahren	drive back, return 8B2
zusammen	together 5.2
der **Zustand**, ¨e	condition 9B1
der **Zwanzigmarkschein**, -e	twenty mark bill 2A2
zweimal	twice 7A3
das **Zweipfennigstück**, -e	two pfennig coin 2A2

Alphabetical English-German Wordlist

A

a	ein(e) 2A2
a little	ein bißchen 9B2
a lot	viel 3B
a quarter past ten	Viertel nach zehn 7A2
a quarter to eleven	Viertel vor elf 7A2
abbreviation	die Abkürzung (Abk.) 9B1
abdomen	der Bauch 7B2
be **able**	können 7A1
I am able to	ich kann 7A1
about	etwa 7B3, um 5.5
about 200 marks	etwa 200 Mark 7B3
conversations about vacations	Gespräche über Ferien 10.2
above	oben 3B
abroad	das/im Ausland 10.3
accusative	der Akkusativ 4C
across	quer durch 8B1
across the street	über die Straße 9A2
actually	wirklich 9A1
add	addieren 5.3, beilegen 3B
in **addition**	dazu 8B1
address	die Adresse 3A2, die Anrede 2C
adjective	das Adjektiv 6C
adolescent	der/die Jugendliche, der Junior 8B1
adult	erwachsen, der/die Erwachsene 9B3
small **advertisement**	die Kleinanzeige 9B1
affair	die Sache 8B1
after	
after all	eben 9A1
afternoon	der Nachmittag 7A1
in the afternoon	am Nachmittag 7A1, nachmittags 8B1
again	wieder 3B
age	das Alter 2B1
Agreed!	Einverstanden! 7A1
alcohol	der Alkohol 9B3
all	alle 9B3
all right	einverstanden 7A1
all the time	immer 6B2
all year round	das Jahr über 8B1
after all	eben 9A1
at all	überhaupt 6A1
not at all	überhaupt nicht 6A1, gar nicht 9A1
nothing at all	gar nichts 8B1
allow: be allowed to	dürfen 9A2
I'm not allowed to give it to you.	Ich darf sie dir nicht geben. 9A1
almost	fast 7B3
alone	allein 8A1
along	entlang 8A2
along the road	die Straße entlang 8A2
bring along	mitbringen 4A2
come along	mitkommen 5.1
alphabet	das ABC, das Alphabet 3C
already	schon 1A1
also	auch 1A1
They also live in K.	Sie wohnen auch in K. 1A1
alter	ändern 9B3
always	immer 6B2
an	ein, eine 2A2
and	und 1A1
animal	das Tier 6B1
annoy	ärgern 10.11
He is very annoyed.	Er ist ganz sauer. 10.6
answer	antworten 8A2, die Antwort 3A2
any: not any	kein(e) 4A1
appointment	der Termin 10.7, die Verabredung 7A1
appropriate	passend 9A2
approximately	etwa 7B3
April	der April 10.2
archery	das Bogenschießen 6A3
are: they are	sie sind 1A1
Are you always like that?	Bist du immer so? 9A1
area	die Fläche 10.1
arithmetic game	das Rechenspiel 2A2
arm	der Arm 7B2
around	um 5.5, herum 10.6
around midday	am Mittag 7A3
around midnight	um Mitternacht 5.5
throw around	umwerfen 10.6
arrival: Würzburg arrival ...	Würzburg an ... 7A2
arrive	ankommen 2B3
art	die Kunst 4A1
art history book	das Kunstgeschichtsbuch 4A1
article	der Artikel 3C
as often as	so oft 5.3
as often as you wish	so oft Sie wollen 8B1
ask	fragen 3A2, erfragen 3C
ask further questions	nachfragen 3A2
ask questions	fragen 3A2
assembly line worker	der Monteur 10.4
at	um 5.5
at a campground	auf einem Campingplatz 2B1
at all	überhaupt 6A1
at home	zu Hause 6B2
at last	endlich 8B2
at midnight	um Mitternacht 5.5
at night	nachts 8B1
at noon	am Mittag 7A3
at once	gleich 8A2
at one o'clock	um eins 7A1
at Rocky's	bei Rocky 2A1
at the bottom	unten 3B
at the corner	an der Ecke 8A2
at the latest	spätestens 7B3
at the next intersection	an der nächsten Kreuzung 8B2
at the Rathausplatz	am Rathausplatz 8C
not at all	überhaupt nicht 6A1, gar nicht 9A1
athletics: track and field athletics	die Leichtathletik 6A3
atlas	der Atlas 4A2
attentiveness	die Aufmerksamkeit 4B1
August	der August 8B2
Austria	Österreich 10.1
autumn	der Herbst 10.2
auxiliary motor	der Hilfsmotor 9B1
avenue	die Allee 8B2
away	weg 7B3

B

baby	das Baby 2B2
back(wards)	zurück 9A1
drive back	zurückfahren 8B2
I'll be back ...	Ich bin ... zurück. 9A1
bag	die Tasche 3A3
ball	der Ball 1C
ballpoint pen	der Kuli 3A3
band	die Gruppe 8C
bank	die Bank 8A2
bank *(of river)*	das Ufer 10.9
basketball	Basketball 6A3
Bavaria	Bayern *(federal state)* 10.2
be	sein 1A1
be able	können 7A1
be given	bekommen 5.3
be located	liegen 3A1
be missing	fehlen 10.10
be ordered to	sollen 9C
be present	dabei sein. 9B3
be purchased	gekauft werden 8B1
be right	recht haben 10.5
be said to	sollen 9C
be written	stehen 5.1
beach: to the beach	ans Meer 2B1
beat	schlagen 5.5
because	weil 6B2
become	werden 8B1
bed	das Bett 9C
beer	das Bier 9B3
beg: I beg your pardon?	Wie bitte? 3A2
begin	anfangen 9B3, beginnen 10.2
behavior	das Betragen 4B1
belong	gehören 5.2
below	unten 3B, unter 8B1
beside	neben 8A2
best	am besten 6A3
better	besser 6A3
Beware!	Vorsicht! 9A2
bicycle	das Fahrrad, das Rad 9A1
bicycle riding	das Radfahren 6A3
big	groß
biggest	der/das/die größte 4B2
bill *(money)*	der Geldschein 2A2, der Schein 3C
hundred mark bill	der Hundertmarkschein 2A2
biology	die Biologie 4A1
biology book	das Biologiebuch 4A1
birthday	der Geburtstag 8C
birthday present	das Geburtstagsgeschenk 8B1
black	schwarz 6A1
blackboard	die Tafel 3A3
blind alley	die Sackgasse 10.9
blonde	blond 6A1
blue	blau 6A1
bluegreen	blaugrün 6A1
board of directors	die Direktion 10.1
boil	kochen 2B3
book	das Buch 3A3
border	die Grenze 3B
boring	langweilig 4A1
Bother!	So ein Mist! 5.3
bottom: at the bottom	unten 3B
boxing	das Boxen 6A3
boy's name	der Jungenname 1A1
boyfriend	der Freund 1A1
brake	die Bremse 10.10
break	brechen 7B2, die Pause 10.5
breast	die Brust 7B2
brief	kurz 8B2
bring	bringen 4A2
bring along	mitbringen 4A2
broken	gebrochen, kaputt 7B2
brother	der Bruder 2B2
brothers and sisters	die Geschwister *(pl.)* 6A1
brown	braun 6A1
building work	die Bauarbeiten 10.9
bump	die Beule 7B2
bus	der Bus 9A2
bus driver	der Busfahrer 9A2
bus stop	die Bushaltestelle 8A2
business	das Geschäft 7B3
but	aber 4A1, erst 9A1
buy	kaufen 7B3
by the way	übrigens 8A1
Bye!	Adieu! 2B3, Tschüs! 7A1

C

calculate	rechnen 1A2
call	rufen 2B3, der Besuch 7B3, *(on the telephone)* anrufen 10.7
be called	heißen 1A1
calm	ruhig 10.5
camera	der Fotoapparat 9A1
camper	der Caravan 1B
campground	der Campingplatz, der Zeltplatz 5.1
camping	das Camping 1B
camping van	der Campingbus 5.1
can: I can	ich kann 7A1
Can I have ...?	Kann ich mal ... haben? 9A1
Can you come on Saturday?	Kannst du am Samstag? 7A1
capable: be capable	können 9C
car	das Auto 1B
passenger car	der Pkw (= der Personenkraftwagen) 5.1
card	die Karte 3A3
care	die Vorsicht 9A2
well cared for	gepflegt 9B1
Careful!	Vorsicht! 9A2
carnival: vacation at carnival time	die Fastnachtsferien *(pl.)* 10.2
carrier	der Gepäckträger 10.10
cassette	die Cassette 1B
cause fear	Angst machen 4B1
caution	die Vorsicht 9A2
center	die Mitte 3B, die Zentrale 10.1
centimeter	der Zentimeter 6B1
central office	die Zentrale 10.1
chain	die Kette 10.10
chair	der Stuhl 3A3
chalk	die Kreide 10.6
change	ändern 9B3, wechseln 2A2, *(train)* umsteigen 10.3
chaos	das Chaos 10.6
cheap	billig 8B1
check	nachfragen 3A2, rückfragen 9C
chemistry	die Chemie 4B1
chest	die Brust 7B2
child	das Kind 4C
chimney-sweep	der Schornsteinfeger 4B2
chin	das Kinn 7B2
choose	wählen 9B3
Christian name	der Vorname 3A2
Christmas	Weihnachten 10.2
Christmas vacation	die Weihnachtsferien *(pl.)* 10.2
church	die Kirche 3B
cinema	das Kino 7A3
city	die Stadt 2B1
city hall	das Rathaus 8A2
city map	der Stadtplan 8A2
city square	der Rathausplatz 8A2
class	die Klasse 1A1
second class	zweite Klasse 10.3

class representative der Klassensprecher 4B1
classified advertisement die Kleinanzeige 9B1
classmate der Klassenkamerad 8C
classroom das Klassenzimmer 10.5
clean sauber 10.6
clean (out) putzen 7B3
climatic health resort der Luftkurort 3B
clique die Clique 7B3
clock die Uhr 5.5
at three o'clock um drei Uhr 7A1
It is one o'clock. Es ist ein Uhr. 7A2
closed gesperrt 8B2
clothes die Klamotten *(pl., colloq.)* 7B3
cloud die Wolke 6A2
club der Verein 6B2
sport club der Sportclub 9A1
coffee der Kaffee 1B
coin das Stück 3C, das Geldstück 2A2
Coke die Cola 1B
collect sammeln 1B
color die Farbe 6A2
comb der Kamm 4B2
come kommen 1A1
come along mitkommen 5.1
Where do you come from? Woher kommst du? 1A1
command das Gebot 9A2
comment die Bemerkung 10.3
compare (with) vergleichen mit 4A1
comparison *(grammar)* die Steigerung 6C
compile sammeln 1B
complete ausfüllen 2B1
completed vollendet 8B1
condition der Zustand 9B1
conjugation die Konjugation 1C
connection der Anschluß 8B1
confusion: in confusion durcheinander 10.6
continue dauern 7A3
cordial herzlich 2B1
corner die Ecke 8A2
corpse die Leiche 5.5
correct richtig 9A1
cost kosten 2A2
count zählen 1A2, abzählen 2A2
count to nine bis neun zählen 2A2
country Land 2B1
foreign countries das Ausland 10.3
to the country ins Grüne 7B3
countryside das Grüne 7B3
course: required course der Pflichtunterricht 4B1
courtyard der Hof 10.5
cow die Kuh 10.9
craftwork das Basteln 10.4
cross-eyed person der Schieler 4B2
crosswind der Seitenwind 10.9

D

daily täglich 7B3
dance tanzen 5.5
dancing das Tanzen 6A3
danger of skidding die Schleudergefahr 10.9
dark blonde dunkelblond 10.11
dark brown dunkelbraun 6A1
date das Datum 8C, die Verabredung 7A1
dative der Dativ 8C
day der Tag 1A1
every day täglich 7B3
on the other days sonst 7B3
dear lieb 2B1
Dear Henk! Lieber Henk! 2B1
love dearly lieb haben 6B1
December der Dezember 10.2
declarative sentence der Aussagesatz 1C
defective kaputt 7B2
definite bestimmt 3C
definitely not gar nicht 9A1
degree der Grad 7A1
department store das Kaufhaus 8A2
describe beschreiben 3B
desire wollen 9C
detour die Umleitung 8B2
devour fressen 4B2
dice der Würfel 5.3
throw dice würfeln 5.3
dictionary das Wörterbuch 2B1
different anders 10.10
diligence der Fleiß 4B1
direction: in all directions kreuz und quer 8B1
disarray durcheinanderschieben 10.6
discotheque die Disco, die Diskothek 1B
discussing das Diskutieren 10.5
discussion die Diskussion 8B1
dive tauchen 2A2
divided by geteilt durch 1A2
do machen 2A2, tun 7B3
do homework Hausaufgaben machen 4A1
do the exercises die Aufgaben machen 2A2
doctor der Doktor, Dr. 10.7
Doctor's office die Praxis 10.7
dog der Hund 4B2
draw zeichnen 4B2
dress das Kleid 7B3
drink trinken 7B3
drive fahren 2B1, die Fahrt 8B1
drive away fortfahren 2B3, wegfahren 7B3
drive back zurückfahren 8B2
drive to the country ins Grüne fahren 7B3
driver der Autofahrer 9A2
driver's licence der Führerschein 9B3
duration die Dauer, die Zeitdauer 7C

E

each jed- 5.3
each one jed- 5.3
ear das Ohr 7B2
early früh 10.3
earn verdienen 7B3
Easter Ostern 10.2
Easter vacation die Osterferien *(pl.)* 10.2
easy leicht 9B3
edge der Rand 2B1
elect wählen 9B3
en route unterwegs 8A1
enclose beilegen 3B
end of the year das Jahresende 4B1
until the end of the year bis zum Jahresende 4B1
English Englisch 4A1
English book das Englischbuch 4A1
English homework die Englischaufgabe 9A1
enough genug 9C
entirely ganz 6A1
entrance die Einfahrt 5.1
especially besonders, ganz besonders 6A1
European europäisch 8B1
even more noch mehr 10.5
evening der Abend 7A3
in the evening abends 7B3
this evening heute abend 3A2
every jed- 5.3
every day jeden Tag 7B3, täglich 7B3
everything alles 10.6
exact(ly) genau 10.11
exactly as tall as ... genauso groß wie ... 10.11
example das Beispiel 10.2
excellent condition der Bestzustand 9B1
excuse die Entschuldigung 2A1
Excuse me, what is your name please? Entschuldigung, wie heißen Sie? 2A1
exercise die Übung 1A1, die Aufgabe 2A2, üben 7B1
exhaust pipe der Auspuff 10.10
expensive teuer 9B1
explain erklären 4B1
expression der Ausdruck 8A1
eye das Auge 6A1

F

face das Gesicht 4B2
fair gerecht 4B1
false teeth das Gebiß 5.5
family die Familie 2B1
family name der Familienname 1A1
fare der Fahrpreis 8B1
fast schnell 3C
father der Vater 2B2
favorite liebst- 6A1
favorite sport der Lieblingssport 6B2
favorite subject das Lieblingsfach 6A1
fear die Angst 4B1
cause fear Angst machen 4B1
February der Februar 10.2
federal railroad die Bundesbahn 8B1
Federal Republic of Germany die Bundesrepublik Deutschland 1B
fellow student der Mitschüler 5.2
feminine das Femininum 3C
fetch holen 9A1
few: in a few words kurz 8B2
fifty mark bill der Fünfzigmarkschein 2A2
fifty pfennig coin der Fünfziger 2A2
fill in ausfüllen 2B1
film der Film 9B3
find finden 4A2
finger der Finger 7B2
finished fertig 9C, vollendet 8B1
It's finished (now). Das war's! 4B2
first erst- 5.3, zuerst 8A2
the first to als erster 5.3
So, first of all ... Also, zuerst ... 8A1
five hundred mark bill der Fünfhundertmarkschein 2A2
five mark coin das Fünfmarkstück 2A2
flute die Flöte 7A3
fly fliegen 4B2
following folgend 2B1
fond: be fond of gern haben 6A1
I am fond of ich mag 6A1
fond of travelling reiselustig 8B1
fool der Blödmann *(insult)* 9A1
foot der Fuß 7B2
football der Fußball 1B
for für 3B, seit 6B2
for once mal (= einmal) 8A1
for one year ein Jahr lang 8B1, seit einem Jahr 6B2
for sale zu verkaufen 9B1
forbidden verboten 2A2
foreign countries das Ausland 10.3
foreign language die Fremdsprache 4B1
foreign news agent die Auslandspresseagentur 10.1
four *(bad grade)* der Vierer 4B2
frame das Gerüst 5.5
free frei 3A1
free time die Freizeit 6B2
freeway die Autobahn 2B3
French Französisch 4B1
fresh frisch 10.9
Friday der Freitag 4A1
friend der Freund *(male)*, die Freundin *(female)* 1A1
friendly freundlich 4B1
frighten Angst machen 4B1
from
from Kassel aus K. 1A1
from ... to ... von ... nach ... 8C
from the vom, von dem 2B2
from two to four von zwei bis vier 7A3
from where? woher? 1A1
a postcard from R. eine Karte von R. 3B
Where do you come from? Woher kommst du? 1A1
front: in front vorne 10.7
front wheel das Vorderrad 10.10
fun der Spaß 4A1
German isn't fun! Deutsch macht keinen Spaß! 4A1
something is fun etwas macht Spaß 4A1
That's really fun! Das macht richtig Spaß! 4A1
funny lustig 10.9
something funny etwas Lustiges 10.9
further weiter 5.3
further(more) ferner 8B1

G

game das Spiel 6A3
gang die Clique 7B3
gas station die Tankstelle 8A2
gather sich treffen 8A1
GDR (= German Democratic Republic) DDR (= Deutsche Demokratische Republik) 3B
gear *(in a motor/engine)* der Gang 9B1
gears die Schaltung 10.10
gentleman der Herr 1A1
geography die Erdkunde 4B1
German deutsch 1A1
German is spoken in ... Man spricht Deutsch in ... 10.1
in German auf deutsch 1A2
German book das Deutschbuch 4A1
German Democratic Republic Deutsche Demokratische Republik 10.1
German Mark DM (= Deutsche Mark) 2A2
German notebook das Deutschheft 4A2
German teacher der Deutschlehrer 4C
Germany Deutschland 1A1
get bekommen 5.3, holen 9A1
How do I get to the freeway? Wie komme ich zur Autobahn? 8A1
girl's name der Mädchenname 1A1
girlfriend die Freundin 1A1
give geben 9A1
give away (to) verschenken (an) 8B1
be given bekommen 5.3
given name der Vorname 3A2
glad: be glad sich freuen 2A1
Glad to meet you. Freut mich! 2A1
gladly gern 6A1
go gehen 2A1
go away wegfahren 7B3
go on vacation Urlaub machen 2B1
go out and play zum Spielen gehen 10.6
go shopping einkaufen 8A1
going by train/rail das Bahnfahren 8B1
good gut 1A1
Good morning. Guten Tag! 1A1
Goodbye! Adieu! 2B3, Auf Wiedersehen! 2B3, Tschüs! 7A1

grandmother die Großmama, die Großmutter 2B3
grandparents die Großeltern *(pl.)* 10.4
great toll *(colloq.)* 8A1, Klasse! *(colloq.)* 4A1, prima 7A1, Spitze! *(colloq.)* 4A1
Sports are great. Sport ist stark. *(colloq.)*. 6A1, Sport ist Spitze. 4A1
greatest größt- 4B2
green grün 6A1
greet begrüßen 2A1
greeting der Gruß 2B1
group die Gruppe 7B3
grown-up erwachsen 9B3
grown-up person der/die Erwachsene 9B3
grumble schimpfen 2B3
guitar die Gitarre 1B

H

hair das Haar 4B2
short hair kurze Haare 10.11
half halb 7A2
half past five halb sechs 7A2
half-year das Halbjahr 4B1
hamburger der Hamburger 1B
hand die Hand 7B2
hand gear control die Handschaltung 9B1
handball Handball 6A3
handicapped person der/die Behinderte 10.8
handiwork das Basteln 10.4
handlebar der Lenker 10.10
hard work der Fleiß 4B1
have haben 2B1
have a look seht mal 2B3
have to müssen 7B3
I have to ich muß 7B3
When do you have to ...? Wann mußt du ...? 7B3
he er 1A1
head der Kopf 7B2
head master der Direktor 10.5
health: climatic health resort der Luftkurort 3B
hear hören 5.5
heartily herzlich 2B1
heel die Ferse 7B2
height Größe 6A1
Hello! Guten Tag!, Hallo! 1A1
help helfen 4B1
her ihr(e) 6A1
here hier 3A3
Here you are! Bitte schön! 3A1
Hesse Hessen *(federal state)* 10.2
highway die Autobahn 2B3
him ihn 7B3
hint der Tip 8B1
his sein(e) 2B1
history die Geschichte 4A1
hitchhike trampen 8A1
hitchhiker der Tramper 8B1
hobby das Hobby 6A1
hockey das Hockey 6A3
hole das Loch 2B3
home nach Hause 7B3
at home zu Hause 7B3
homeroom teacher *(female)* die Klassenlehrerin 1A1
homework die Hausaufgabe 4A2
do homework Hausaufgaben machen 4A1
hop hüpfen 7B1
horse das Pferd 10.11
hour die Stunde 4A1
house das Haus 7B3
housewife die Hausfrau 10.4
how? wie? 1A1
How are you? Wie geht's? 2A1
How do I get to the freeway? Wie komme ich zur Autobahn? 8A1
How do you like that! So ein Mist! 5.3
how long? wie lange? 7A3, seit wann? 8A1
how many? wie viele? 1A2
how much? wieviel? 1A2
how often? wie oft? 7A3
How old are you? Wie alt bist du? 1A1
How's it going? Wie geht's? 2A1
human being der Mensch 10.1
hundred mark bill der Hundertmarkschein 2A2
hurt: What hurts? Was tut weh? 7B2

I

I ich 1A1
I am ich bin 1A1
I'll be back ... Ich bin ... zurück. 9A1
I'm called ... ich heiße ... 1A1
I'm glad. Freut mich! 2A1
I'm sorry. Tut mir leid. 8A2
I'm twelve. Ich bin zwölf. 1A1
idea die Anregung 8B1
no idea keine Ahnung 4A2
identical gleich 10.10
idiot der Blödmann *(insult)* 9A1
immediately direkt, gleich 8A2
imperative der Imperativ 4C
imply bedeuten 10.9
important wichtig 8A1
impulse die Anregung 8B1
in in 1A1
in all directions kreuz und quer 8B1
in confusion durcheinander 10.6
in front vorne 10.7
in German auf deutsch 1A2
in my opinion meiner Meinung nach 10.5
in other countries in weiteren Ländern 8B1
in the ... im ... 2B1
in the afternoon am Nachmittag 7A1, nachmittags 8B1
in the evening abends 7B3
in the morning am Morgen 7A3
incorrect falsch 9A1
indefinite unbestimmt 3C
indoor swimming pool das Hallenbad 7B1
information die Auskunft 8A2, die Information 1B
information bureau das Auskunftsbüro 10.8
inhabitant der Einwohner 10.1
inn das Gasthaus 9B3
inquire nachfragen 3A2
inquire (again) rückfragen 9C
inside innerhalb 8B1
instead (of) statt 8B1
insufficient ungenügend 4B1
insurance die Versicherung 9B1
Inter-rail ticket das Inter-Rail-Ticket 8B1
interest interessieren 6A1
I'm interested in ... ich interessiere mich für ... 6A1
interesting interessant 4A1
international international 1B
interrogative die Wortfrage 2C
interrogative sentence die Satzfrage 2C
intersection: at the next intersection an der nächsten Kreuzung 8B2
interview das Interview 5.2
make an interview ein Interview machen 5.2
into the ... ins ... 7B3
intonation die Intonation 1A1
is ist 1A1
it es 9A1
It's over now. Das war's! 4B2
It's over/finished. Es ist aus. 4B2
Italian italienisch 10.1
itinerary der Terminplan 8C

J

January der Januar 10.2
jeans die Jeans *(pl.)* 1B
job der Job 7B3
joke der Spaß 4A1, der Witz 4B2
journey die Fahrt 8B1
jovial lustig 10.9
judo das Judo 6A3
judo suit der Judoanzug 9B3
July der Juli 10.2
jump hüpfen, springen 7B1
June der Juni 10.2
just eben, erst 9A1
Just a minute! Moment! 8A1
Just show me the map. Zeig mir mal die Karte. 8A1

K

kilometer der Kilometer 8B1, km (= der Kilometer) 9B1
kind lieb 6B1
kind regards herzliche Grüße 2B1
She is kind to me. Sie ist lieb zu mir. 6B1
knee das Knie 7B2
know kennen 1B, wissen 10.1
I know ich weiß 4A2

L

language die Sprache 8A1
native language die Muttersprache 10.1
last dauern 7A3
last: at last endlich 8B2
late spät 7A2
at the latest spätestens 7B3
later später 10.3
laugh lachen 9C
lay legen 3B
learn lernen 4A2
leave the highway/freeway von der Autobahn abfahren 8B2
left link- 2B3
on the left links 3B
to the left (nach) links 3B
the ... on the left-hand side der linke ... 2B3
leg das Bein 7B2
leisure time die Freizeit 6B2
less minus 1A2
lesson die Stunde 4A1
lesson(s) der Unterricht 10.5
letter der Brief 9A1
lie liegen 3A1
light das Licht 10.10
rear light das Rücklicht 10.10
light blue hellblau 6A1
like gern haben 6A1
like better lieb haben 6B1
like most of all am liebsten haben 6A3
Do you like ...? Magst du ...? 7C
he likes music er mag Musik 6A1
How do you like that! So ein Mist! *(colloq.)* 5.3
I like it. Das gefällt mir. 7B3
I like to ich möchte 9A1
I would like most of all ... Ich würde am liebsten ... 6B2
like: Are you always like that? Bist du immer so? 9A1
That's what it is like in ... So ist es in ... 9B3
list die Liste 2B1
listen to anhören 9B2
listen to music Musik hören 6A1
little klein 3B
a little ein bißchen 9B2
Little Red Riding Hood das Rotkäppchen 2A1
live wohnen 1A1
Where do you live? Wo wohnst du? 1A1
locate: be located liegen 3A1
long lang 4B2, lange 7A3
How long will it last? Wie lange dauert das? 7A3
longer länger 10.2
look sehen 2B3
look at something sich etwas ansehen 10.9
look for suchen 9A2
Look out, he's coming! Achtung, er kommt! 10.6
look up *(in a book)* nachschlagen 2B1
have a look seht mal 2B3
lot: a lot viel 3B
love lieben 4B2
love dearly lieb haben 6B1
lovely schön 2B2
Lower Saxony Niedersachsen *(federal state)* 10.2

M

machine die Maschine 9B1
mail box der Briefkasten 8C
make machen 5.2
make an interview ein Interview machen 5.2
man der Mensch 10.1
man *(male person)* der Mann 2B3
management die Direktion 10.1
many viele 1A2
Many thanks! Vielen Dank! 3B
How many? Wie viele? 1A2
map die Karte, die Landkarte 3A3
city map der Stadtplan 8A2
March der März 10.2
margin der Rand 2B1
mark *(German currency)* die Mark, DM (= Deutsche Mark) 2A2
one mark coin das Markstück 2A2
mark *(in school)* die Note 4B1
marry heiraten 9B3
Mars der Mars 2B2
masculine das Maskulinum 3C
math Mathe (= Mathematik) 4A1
math book das Mathebuch 4A1
mathematics Mathe (= Mathematik) 4A1
matter die Sache 8B1
may darf 5.3
May der Mai 10.2
me mich 2A1, mir 3B
mean bedeuten 10.9
mechanic der Mechaniker 2B1
meet treffen 2B3, sich treffen 8A1
mess up durcheinanderschieben 10.6
meter m (= der Meter) 6A1
midday der Mittag
around midday am Mittag 7A3
middle die Mitte 3B
midnight die Mitternacht 5.5
around midnight um Mitternacht 5.5
mileage: How much mileage is on it? Wieviel hat sie drauf? 9B1
milk die Milch 10.9
minus minus 1A2
minute die Minute 7A3
Just a minute! Moment! 8A1

Miss S.	Fräulein S. 2A1
Miss Universe	Miss Universum 2B2
missing: be missing	fehlen 10.10
mixed-up	durcheinander 10.6
modal verb	das Modalverb 9C
model: 1980 model	Baujahr 1980 9B1
moment	der Moment 8A1, der Zeitpunkt 7C
Monday	der Montag 4A1
money	das Geld 2A2
money changer	der Geldwechsler 2A2
money exchange	der Geldwechsel 10.8
month	der Monat 7B3
moon	der Mond 6A2
moonlight	der Mondschein 5.5
more	mehr 1B
more than	mehr als 9B3
more than 90 million	über 90 Millionen 10.1
even more	noch mehr 10.5
no more than	nur noch 8B1
morning	der Morgen 7A3, der Vormittag 7A3
in the morning	am Morgen 7A3
most of ...	die meisten ... 2B1
like most of all	am liebsten haben 6A3
the most cross-eyed person	der größte Schieler *(insult)* 4B2
mother	die Mutter 6A1
motor	der Motor 2B3
motorbike	das Motorrad 7B3
motor caravan	der Campingbus 5.1
motorcycle	die Maschine 9B1
motor scooter	das Mofa 9A1, das Mokick 9B1, das Moped 9B3
mouth	der Mund 7B2
move	wegziehen 9B3
move away from home	von zu Hause wegziehen 9B3
Mr. B.	Herr B. 1A1
Mrs. S.	Frau S. 1A1
Ms. S.	Frau/Fräulein S. 1A1
much	viel 3B
so much	so viel 10.6
mud flats	das Watt 5.1
mudguard	das Schutzblech 10.10
multiplied by	mal 1A2
music	die Musik 6A1
play music	Musik machen 6A1
must	müssen 7B3
I must	ich muß 7B3
my	mein(e) 1A1

N

name	benennen 3C
name	der Name 2A1
given name	der Vorname 3A2
What's your name?	Wie heißt du? 1A1
narrow road	die Engstelle 10.9
native language	die Muttersprache 10.1
naturally	natürlich 9A1
nature	die Natur 7B3
near Münster	bei Münster 2B1
near the department store	beim Kaufhaus 8C
nearly	fast 7B3
neat	sauber 10.5
write neatly	sauber schreiben 10.5
neck	der Hals 7B2
need	brauchen 4A1
needlework	die Handarbeit 4A1, 4B1
needlework materials	das Handarbeitszeug 4A1
negotiating price	die Verhandlungsbasis 9B1
the **Netherlands**	die Niederlande *(pl.)* 2B1
neuter	das Neutrum 3C
new	neu 9B1
newspaper	die Zeitung 9B1
next	nächst-
the next one to the right	die nächste rechts 8A2
next to	neben 8A2
nice	schön 2B2, lieb 6B1
night	die Nacht 10.7
at night	nachts 8B1
no	nein 2A1, kein(e) 4A1
no idea	keine Ahnung 4A2
no more than	nur noch 8B1
no one	niemand 9A1
nod	nicken 9B2
nominative	der Nominativ 4C
non smoker	der Nichtraucher 10.8
none	kein(e) 4A1
noon	der Mittag
at noon	am Mittag 7A3
North-Rhine Westphalia	Nordrhein-Westfalen *(federal state)* 10.2
nose	die Nase 7B2
not	nicht 3A2
not any	kein(e) 4A1
not at all	gar nicht 9A1, überhaupt nicht 6A1
note	der Schein 3C, die Notiz 5.1
notebook for homework	das Hausaufgabenheft 4C
nothing	nichts 7B3
nothing at all	gar nichts 8B1
notice	der Hinweis 8B1
noun	das Hauptwort 3C
November	der November 10.2
now	jetzt 2B3
number	die Nummer 3A3, Nr. 3A2, die Zahl 2A2

O

occupation	der Beruf 10.4
o'clock: at one o'clock	um eins 7A1
October	der Oktober 10.2
of	von 3B
of course	natürlich 9A1
offer	das Angebot 8B1
office: Doctor's office	die Praxis 10.7
often	oft 2B1
as often as	sooft 5.3
as often as you wish	so oft Sie wollen 8B1
How often?	Wie oft? 7A3
Oh!	Ach! 2B3, Oh! 5.1
O.K.	O.K., Einverstanden 7A1
old	alt 1A1
How old are you?	Wie alt bist du? 1A1
He is twelve years old.	Er ist zwölf Jahre alt. 1A2
Olympic Games	die Olympischen Spiele *(pl.)* 6A3
on it/that	drauf 9B1
on Monday	am Montag 4A1
on Saturdays	samstags 7B3
on the left	links 3B
on the margin	am Rand 2B1
on the other days	sonst 7B3
on the sixth of August	am 6. August 8B2
on the way	unterwegs 8A1
on top	oben 3B
on weekdays	wochentags 7B3
once	einmal 2B3, mal (= einmal) 8A1
at once	gleich 9A2
one	ein(e) 7A1, ein- 9C, eins *(number)* 1A2, die Eins *(best grade in exam)* 4B1, man 8B1
one mark coin	das Markstück 2A2
oneself	sich 6A1
only	erst 9A1, nur 2A2
open	aufschlagen 4A2
opening time	die Öffnungszeit 7A1
opinion	die Meinung 10.5
in my opinion	meiner Meinung nach 10.5
or	oder 2A2
orange	orange 6A2
order: be ordered to	sollen 9C
word order	die Wortstellung 9C
ordinal number	die Ordnungszahl 8C
ordinary	gewöhnlich 8B1
orientation	die Orientierung 8A2
other	ander- 8B1
other young people	andere junge Leute 8B1
in other countries	in weiteren Ländern 8B1
on the other days	sonst 7B3
otherwise	sonst 5.3
ought to	müssen 7B3, sollen 9A2
our	unser(e) 2C
ourselves	uns 6C
out (of)	heraus 4A2
out of the house	aus dem Haus 7B3
over	über 2A2
over there	da drüben 2A1
It's over now.	Das war's!, Es ist aus. 4B2
tip over	umwerfen 10.6
overnight stay	die Übernachtung 8B1
overseas	das/im Ausland 10.3
overseas news agent	die Auslandspresseagentur 10.1

P

page	die Seite 4A2
pain	die Schmerzen *(pl.)*
strong pains	starke Schmerzen 10.7
painful	weh 7B2
paint	malen 6A1
paragraph	der Paragraph (= §) 10.5
Pardon?	Wie bitte? 3A2
Pardon me, ...	Verzeihung, ... 2B2
parents	die Eltern *(pl.)* 2B2
park	parken 9A2
parking lot	der Parkplatz 5.1
part	der/das Teil 9B1
partner	der Partner 9B3
party	die Party 7A3
pass on	weitergeben 5.3
passed *(grade)*	ausreichend 4B1
passenger car	der Pkw (= der Personenkraftwagen) 5.1
passport	der Paß, der Reisepaß 1B
past	nach 7A2
pay	zahlen 8B1
peace	die Ruhe 9B2
pedal	das Pedal 10.10
pencil	der Bleistift 3A3
Pentecost	Pfingsten 10.2
people	die Leute *(pl.)* 2B1
percent	das Prozent 8B1
perhaps	vielleicht 9A2
permission	die Erlaubnis 9B3
permit: be permitted to	dürfen 9A2
One is not permitted to drive here.	Hier darf man nicht fahren. 9A2
person	die Person 3C
personal pronoun	das Personalpronomen 1C
pfennig	der Pfennig 2A2
ten pfennig coin	der Groschen 2A2
phone	telefonieren 9B1
photo	das Foto 1B
photograph	fotografieren 6A1
physics	die Physik 4A1
physics book	das Physikbuch 4A1
pictograph	das Piktogramm 6A3
picture	das Bild 9A2
take pictures	fotografieren 6A1
piddle	pinkeln 4B2
piece	das Stück 3C
pilot	der Pilot 1B
ping-pong	das Tischtennis 6A3
ping-pong club	der Tischtennisclub 6B2
ping-pong table	die Tischtennisplatte 6B2
pity: What a pity.	Schade. 7A1
place	der Platz 6B2
to my place	zu mir nach Hause 7B3
place	legen 3B, setzen 3C, stellen 10.6
plan	der Plan 9B2
town plan	der Stadtplan 8A2
play	spielen 3A2
play music	Musik machen 6A1
playing volleyball	das Volleyballspielen 6B2
player	der Spieler 5.3
playground: school playground	der Hof 10.5
please	bitte 1B, gefallen 7B3
Please!	Bitte schön! 3A1
plural	der Plural 1C, die Pluralform 3C
plus	plus 1A2
point	der Punkt 5.3
point in time	der Zeitpunkt 7C
police	die Polizei 8A2
polite	höflich 2C
polytechnics	die Polytechnik 4B1, die Technik 6A1
poor *(grade)*	mangelhaft 4B1, ungenügend 4B1
popular	populär 6A3
position: be in a position (to)	können 9C
possessive pronoun	das Possessivpronomen 1C
possible: That's possible.	Das geht. 7A1
postcard	die Karte, die Postkarte 3B
post office	das Postamt 10.8, die Post 8A2
postscript	das P.S., das Postskriptum, die Nachschrift 5.2
practice	die Praxis 10.7
practise	üben 7B1
prefer	lieb haben 6B1
prepared	vorbereitet 4B1
preposition of place	die Ortspräposition 8C
present tense	das Präsens 1C
price	der Preis 8B1
negotiating price	die Verhandlungsbasis 9B1
usual price	der Normalpreis 8B1
principal	der Direktor 10.5
private vehicle	der Pkw (= der Personenkraftwagen) 5.1
problem	das Problem 8B2
prohibition	das Verbot 9A2
prompt	pünktlich 10.5
pronunciation	die Aussprache 1A1
P.S. (= postscript)	das P.S., das Postskriptum, die Nachschrift 5.2.
pullover	der Pullover 7B3
punctual	pünktlich 10.5
puncture	das Loch 2B3
pupil	der Schüler 3C
push	schieben 10.6
push into a muddle	durcheinanderschieben 10.6
put	stellen 10.6
put in	einsetzen 3C
put in its place	an seinen Platz stellen 10.6

Q

quarter	das Viertel 7A2
a quarter past ten	Viertel nach zehn 7A2
a quarter to eleven	Viertel vor elf 7A2
question	der Fragesatz 1C
ask further questions	nachfragen 3A2
ask questions	fragen 3A2
quick	schnell 3C
quiet	ruhig 10.5, still 10.6, die Ruhe 9B2
quite	ganz 6A1

R

rage: boil with rage	kochen 2B3
rail: going by rail	das Bahnfahren 8B1
railroad	die Bahn 8B1
railroad station	der Bahnhof 8A2
rattle	klappern 5.5
read to somebody	(jemandem) vorlesen 9B2
reading	das Lesen 6A1
reading exercise	die Leseübung 8C
ready	fertig 9C
really	wirklich 9A1
rear light	das Rücklicht 10.10
rear wheel	das Hinterrad 10.10
reasonable	günstig 8B1
receive	begrüßen 2A1, bekommen 5.3, erhalten 8B1
reception	die Anmeldung 3A2
record	die Platte (= die Schallplatte) 6A1
record player	der Plattenspieler 9A1
recorder	die Flöte 7A3
red	rot 6A2
reddish-brown	rotbraun 6A1
reduced price	die Ermäßigung 8B1
reduction	die Ermäßigung 8B1
refer *(in a book)*	nachschlagen 10.6
regard: kind regards	herzliche Grüße 2B1
registration	die Anmeldung 3A2
registration card	die Anmeldekarte 3A2
religion	die Religion 4A1
religion book	das Religionsbuch 4A1
remain	bleiben 4B1
remainder	restlich 7B3
remaining	restlich 7B3
remark	die Bemerkung 4B1
remove	wegziehen 9B3
repetition	die Wiederholung 7C, *(grammar)* die Zeitwiederholung 7C
republic	die Republik 10.1
required course	der Pflichtunterricht 4B1
required elective subject	der Wahlpflichtunterricht 4B1
rest	restlich 7B3
restaurant	das Gasthaus 9B3,die Gaststätte 10.8
restriction	das Verbot 9A2
restroom	das WC 5.1, die Toilette 2A1
retired person	der Rentner 10.4
return	zurückfahren 8B2
return ticket	die Rückfahrkarte 10.3
return trip	die Rückfahrt 10.3
Rhaetian dialects	Rätoromanisch 10.1
Rhineland-Palatinate	Rheinland-Pfalz *(federal state)* 10.2
riding	das Reiten 6A1
right	richtig 9A1
right – wrong	richtig – falsch 9A1
right through	quer durch 8B1
be right	recht haben 10.5
the next one to the right	die nächste rechts 8A2
to the right	(nach) rechts 3B
top right	oben rechts 3B
road	die Straße 8A1, Str. (= Straße) 8A2
narrow road	die Engstelle 10.9
take the road	auf Tour gehen 8B1
road sign	das Verkehrszeichen 10.9
road work	die Bauarbeiten 10.9
rocket	die Rakete 6A2
role-play	das Rollenspiel 3A2
roller skating	das Rollschuhlaufen 6A3
Romansh language	Rätoromanisch 10.1
roof rack	der (Dach)Gepäckträger 10.10
room	das Zimmer 3C
round: all year round	das Jahr über 8B1
route	der Weg 8B2
en route	unterwegs 8A1
rowing	das Rudern 6C
rule	das Gebot 9A2
rule of the game	die Spielregel 5.3
ruler	das Lineal 3A3
run	rennen 10.5
running	das Laufen 6A3

S

Saar, the	Saarland *(federal state)* 10.2
saddle	der Sattel 10.10
sale: for sale	zu verkaufen 9B1
same	gleich 10.10
satisfactory *(grade)*	befriedigend 4B1
satisfied	zufrieden 4B1
Saturday	der Samstag 4A1,der Sonnabend 7A3
on Saturdays	samstags 7B3
save	sparen 8B1
say	sagen 4A2
be said to	sollen 9C
schedule	der Stundenplan 4A1
schedule for the week	der Wochenplan 7A3
school	die Schule 1A1
school bag	die Schultasche 9A1
school book	das Schulbuch 4A1
school girl	die Schülerin 10.4
school playground	der Hof 10.5
school report	das Zeugnis 4B1
school rules	die Schulordnung 10.5
school subject	das Schulfach 4A1
school things	die Schulsachen *(pl.)* 4A1
school year	das Schuljahr 4B1
scribbler	der Schmierer 4B2
sea	das Meer 2B1
search	suchen 9A2
seat	der Platz 10.8
secretary	die Sekretärin 2B1
see	sehen 2B3
see Patty home	Patty nach Hause bringen 9B2
See you soon!	Bis bald! 2B1
seldom	selten 7A3
select	wählen 9B3
self	selbst 2A2
sell	verkaufen 9B1
semester	das Halbjahr 4B1
sentence	der Satz 1C
sentence clamp	die Satzklammer 9C
sentence structure	der Satzrahmen 4C
separable	trennbar 4C
September	der September 3B
set	setzen 3C
set of teeth	das Gebiß 5.5
Shall we go swimming?	Gehen wir schwimmen? 7A1
she	sie 1A1
shop	das Geschäft 7B3
shore: to the shore	ans Meer 2B1
short	kurz 8B2
should	sollen 9A2
shoulder	die Schulter 7B2
show	zeigen 8A1
Shucks!	So ein Mist! 5.3
side: on the other side	drüben 2A1
sign	das Schild 5.1,das Zeichen 10.8
traffic sign	das Verkehrszeichen 10.9
silly	blöd 5.2
simple	leicht 9B3
simply	einfach 9B2
since	seit 6B2
sing	singen 9C
single	einfach 10.3
singular	der Singular 1C
sister	die Schwester 2B1
sit	sitzen 10.6
size	Größe 6A1
skeleton	das Gerüst 5.5
skid: danger of skidding	die Schleudergefahr 10.9
skiing	das Schifahren, das Schilaufen 6A3
sky	der Himmel 6A2
sleep	schlafen 2B1
slow	langsam 9A2
small	klein 3B
smaller than	kleiner als 10.11
smoker	der Raucher 10.8
sneaker	der Turnschuh 4A1
so	so 4A2
so much	so viel 10.6
So, first of all ...	Also, zuerst ... 8A1
social studies	die Sozialkunde 4A1
social studies book	das Sozialkundebuch 4A1
some	manche 8B1
something	etwas 6C, eine Sache 8B1
something funny	etwas Lustiges 10.9
sometimes	manchmal 7A3
song	das Lied 2B3
soon	bald 2B1
sore	weh 7B2
sore throat	die Halsschmerzen *(pl.)* 10.7
sorry	
I'm sorry.	Tut mir leid. 8A2
Sorry, I won't be able to come at that time.	Schade, da geht's nicht. 7A1
sour	sauer 10.6
south	der Süden 8A1
spa	der Luftkurort 3B
space	der Platz 6B2
speak	sprechen 2B2
German is spoken in ...	Man spricht Deutsch in ... 10.1
speed limit	die Kilometerbegrenzung 8B1
spell	buchstabieren 3A2
sponge	der Schwamm 3C
sport	der Sport 4A1
type of sport	die Sportart 6A3
Sports are great.	Sport ist stark. *(colloq.)* 6A1
sport club	der Sportclub 9A1
sports equipment	das Turnzeug 4A2
spring	der Frühling 10.2
spring vacation	die Frühjahrsferien *(pl.)* 10.2
sprinting	das Laufen 6A3
square: town square	der Rathausplatz 8A2
square kilometer	qkm (= der Quadratkilometer) 10.1
stadium	das Stadion 8A2
stamp	die Briefmarke 6A1
star	der Star 8C
start	angehen, anmachen 2B3, beginnen 10.2
station	der Bahnhof
western railroad station	der Westbahnhof 10.3
station square	der Bahnhofsplatz 8A2
stay	bleiben 4B1
overnight stay	die Übernachtung 8B1
still	noch 8B1, still 10.6
stimulation	die Anregung 8B1
stomach	der Bauch 7B2
stop	halten 9A2
story	die Geschichte 9C
straight ahead	geradeaus 8A1
strange	fremd 8A2
street	die Straße 8A1, Str. 8A2
across the street	über die Straße 9A2
strict	streng 10.6
strike	schlagen 5.5
strong	stark 6A1
strong pains	starke Schmerzen 10.7
student	der Student 8B1
fellow student	der Mitschüler 5.2
stupid	blöd 5.2, doof *(colloq.)* 4A1
subject: required elective subject	der Wahlpflichtunterricht 4B1
suddenly	auf einmal 2B3
suggestion	die Anregung 8B1
suitable	günstig 8B1, passend 9A2
summer	der Sommer 10.2
summer vacation	die Sommerferien *(pl.)* 8B2
Sunday	der Sonntag 7A1,So. (= Sonntag) 9B1
superman	der Supermann 7B1
surely: That would surely be an inspiration!	Das wäre doch eine Anregung! 8B1
surface	die Fläche 10.1
surname	der Familienname 1A1
swear	schimpfen 2B3
sweater	der Pullover 7B3
swelling	die Beule 7B2
swim	schwimmen 5.1
swimming	das Schwimmen 6A3
swimming instructor	der Bademeister 7B1
swimming pool	das Schwimmbad 3B
indoor swimming pool	das Hallenbad 7B1
Swiss	schweizerisch 10.1
Swiss Confederation	die Eidgenossenschaft 10.1
switch on	anmachen 2B3
Switzerland	die Schweiz 10.1

T

table	der Tisch 3A3
table tennis	das Tischtennis 6A3
table tennis club	der Tischtennisclub 6B2
tail light	das Rücklicht 10.10
take	nehmen 4A2, nimm 9A1
take out (of)	herausnehmen 4A2
take pictures	fotografieren 6A1
take the road	auf Tour gehen 8B1
talk	reden 10.5
tall	groß 6A1
taller than	größer als 10.11
taxi	das Taxi 10.8
tea	der Tee 7B3
teacher	der Lehrer *(male)* die Lehrerin *(female)* 1A1
team	die Mannschaft 6B2
tease	ärgern 10.11
technology	die Technik 6A1
telephone	das Telefon, Tel. 1B
telephone booth	die Telefonzelle 8A2
telephone number	die Telefonnummer 9B1
television	das Fernsehen 10.4
tell	erzählen 6B1
ten mark bill	der Zehnmarkschein 2A2

ten pfennig coin	der Zehner 2A2
ten times	zehnmal 2A2
tennis	das Tennis 6B1
tent	das Zelt 2B1
terrible	furchtbar 10.7
terrific	toll *(colloq.)* 8A1
than: taller than	größer als 10.11
thank you	danke 2A1
thanks: Many thanks!	Vielen Dank! 3B
that	das 1A1
That is ...	das ist ... 1A1
That would surely be an inspiration!	Das wäre doch eine Anregung! 8B1
That's fun.	Das macht Spaß. 4A1
That's it.	Das war's! 4B2
That's possible.	Das geht. 7A1
That's really fun!	Das macht richtig Spaß! 4A1
the	der 1C, die 1A1, dem 2B1, den 2B1
of the ...	des ... 8B1
then	dann 7B3
there	dort 2B3
there is/are ...	es gibt ... 2B1
There should be no „ones„ (on the dice).	Es darf keine Eins dabeisein. 5.3
over there	da drüben 2A1
therefore	deshalb 8B1
they	sie 1A1
thing	die Sache 3C
things	die Klamotten *(pl., colloq.)* 7B3
think	denken 8B1
I think it's great.	Das finde ich Spitze. 4B2
thought	gedacht 8B1
this	dies- 8B1
this evening	heute abend 3A2
this time	diesmal 2B1
thousand mark bill	der Tausendmarkschein 2A2
throat: sore throat	die Halsschmerzen *(pl.)* 10.7
through: right through	quer durch 8B1
throw	werfen 10.6
throw around	herumwerfen, umwerfen 10.6
throw dice	würfeln 5.3
Thursday	der Donnerstag 4A1
ticket	das Ticket 8B1, die Fahrkarte 10.3
return ticket	die Rückfahrkarte 10.3
time	die Zeit 7C, die Uhrzeit 7A2
all the time	immer 6B2
opening time	die Öffnungszeit 7A1
point in time	der Zeitpunkt 7C
seven times two	sieben mal zwei 1A2
three times	dreimal 7A3
tip	der Hinweis, der Tip 8B1
tip over	umwerfen 10.6
tire	der Reifen 2B3
to	nach 2B1, zu 6B1
to that/it	dazu 8B1
to the ...	zum, zu dem 4B1; zur, zu der 3B
to the bank	zur Bank 8C
to the beach/shore	ans Meer 2B1
to the left/right	links/rechts 3B
to the Netherlands	nach Holland 2B1
to the station	zum Bahnhof 8C
give away to	verschenken an 8B1
He is nice to me.	Er ist lieb zu mir. 8B1
I want to drive to ...	Ich will zu ... fahren. 9A1
today	heute 2B3
toe	die Zehe 7B2
together	zusammen 5.2
tomorrow	morgen 4A2
tonight	heute abend 3A2, heute nacht 10.7
too	zu 10.6
too late	zu spät 10.6
tooth: set of teeth	das Gebiß 5.5
toothache	die Zahnschmerzen *(pl.)*, das Zahnweh 10.7
top: on top	oben 3B
top right	oben rechts 3B
top condition	der Top-Zustand 9B1
tour	die Tour 8B1, die Tournee 8C
tourism	der Tourismus 10.1
tourist	der Tourist 1B
tourist information	die Tourist-Info, die Touristeninformation 8A2
tourist information agency	die Verkehrszentrale 10.1
town	die Stadt 2B1
town hall	das Rathaus 8A2
town plan	der Stadtplan 8A2
town square	der Rathausplatz 8A2
track and field athletics	die Leichtathletik 6A3
traffic sign	das Verkehrszeichen 10.9
trailer	der Caravan 1B
train	der Zug 8B1
train	trainieren 9A1
training	das Training 7B3
train trip	die Bahnfahrt 8B1
travel	reisen 8B1
treadle sewing machine	die Tretnähmaschine 9B1
tree	der Baum 6A2
trip	die Fahrt 8B1
return trip	die Rückfahrt 10.3
Tuesday	der Dienstag 4A1
turn on	anmachen 2B3
twenty mark bill	der Zwanzigmarkschein 2A2
twice	zweimal 7A3
two pfennig coin	das Zweipfennigstück 2A2
type of sport	die Sportart 6A3

U

under	unter 8B1
understand	verstehen 2B1
undertake	unternehmen 7B3
unfortunately	leider 6B2
unidentified flying object	das Ufo 2B2
universe	das Universum 2B2
unknown	unbekannt 10.6
unmarried woman	das Fräulein 2A1
until the end of the year	bis zum Jahresende 4B1
up to 25 kilometers per hour	bis 25 km/h 9B1
us	uns 4B1
U.S.A.	die USA *(pl.)* 3A1
usual	gewöhnlich 8B1
usual price	der Normalpreis 8B1

V

vacation	der Urlaub, die Ferien *(pl.)* 2B1
go on vacation	Urlaub machen 2B1
vacation at carnival time	die Fastnachtsferien *(pl.)* 10.2
valid: be valid	gelten 8B1
verb	das Verb 4C
very	sehr 3B
village	das Dorf 3B
viola	die Viola 4B2
visit	besuchen, der Besuch 7B3
visual dictionary	das Bildlexikon 10.10
vocational studies	die Arbeitslehre 4B1
volleyball	das/der Volleyball 6A3
playing volleyball	das Volleyballspielen 6B2

W

wait	warten 8B2
wake up	erwachen 5.5
want	wollen 8B1
warm bath	das Warmbad 7A1
was: he was	er war 4B2
washroom	der Waschraum 10.8
water	das Wasser 5.1
way	der Weg 8B2
by the way	übrigens 8A1
on the way	unterwegs 8A1
we	wir 2B1
Wednesday	der Mittwoch 4A1
week	die Woche 7A3
weekday: on weekdays	wochentags 7B3
weekend	das Wochenende 7B3
welcome	begrüßen 2A1
Welcome!	Herzlich willkommen! 2A1
well	so 4A2
well cared for	gepflegt 9B1
were: we were	wir waren 2B1
western railroad station	der Westbahnhof 10.3
what?	was? 2A2, wie? 1A1
What did you say?	Wie bitte? 3A2
What hurts?	Was tut weh? 7B2
What is ...?	Was ist ...? 3A3
What is it called?	Wie heißt das? 3A3
What is the price of ...?	Was kostet ...? 2A2
What's it like with you?	Wie ist es bei dir? 7B3
What's written on the board?	Was steht auf dem Schild? 5.1
What's your name?	Wie heißt du? 1A1
when	wenn 6B1
when?	wann? 7A1
When do you have to ...?	Wann mußt du ...? 7B3
where?	wo? 1A1
where (to)?	wohin? 8A1
Where are you going?	Wohin willst du? 8A1
Where do you come from?	Woher kommst du? 1A1
Where do you live?	Wo wohnst du? 1A1
Where is that (then)?	Wo ist denn das? 3A2
from where?	woher? 1A1
which	welch- 1B
Which sports?	Welche Sportarten? 6A3
white	weiß 6A2
who?	wer? 1A1
whoever	wer 5.3, 8B1
whole	ganz 3C
whom?	wen? 9C
why?	warum? 7A1
why not?	warum nicht? 7A1
will: Will I have to change then?	Muß ich da umsteigen? 10.3
wine	der Wein 9B3
winner	der Sieger 5.3
winter	der Winter 10.2
wish	wollen 8B1
with	mit 4A1
within	innerhalb 8B1
without	ohne 2A2
woman	die Frau 1A1, die Dame 9A2
unmarried woman	das Fräulein 2A1
woman teacher	die Lehrerin 1A1
wood(s)	der Wald 3B
word	das Wort 1B
word order	die Wortstellung 9C
work	arbeiten 9B3, 10.6, die Arbeit 9B3, der Job 7B3
work out	rechnen 1A2
workbook	das Heft 3A3
world	die Welt 10.1
would	
he would be	er wäre 8B1
I would like most of all ...	Ich würde am liebsten ... 6B2
wrestling	das Ringen 6A3
write	schreiben 3A2
be written	stehen 5.1
write down	aufschreiben, mitschreiben 4A2
wrong	falsch 9A1

Y

yard	der Hof 10.5
year	das Jahr 1A2
year of one's life	das Lebensjahr 8B1
year of production/assembly	das Baujahr 9B1
all year round	das Jahr über 8B1
for one year	ein Jahr lang 8B1
He is twelve years old.	Er ist zwölf Jahre alt. 1A2
one whole year	ein Jahr lang 8B1
yellow	gelb 6A2
yes	ja 2A1
yet	noch 9A1
you	du 1A1, dir 7B3, dich 6C ihr 1B, euch 6C, Sie *(polite)* 2A1
you are ...	du bist ... 1A1
you are interested in ...	du interessierst dich für ... 6C
young	jung 2B1
young lady	das Fräulein 2A1
young people	junge Leute *(pl.)* 2B1
young person	der Junior, der/die Jugendliche 8B1
your	dein 1A1, euer, eure, Ihr(e) *(polite)* 2C
yourself: do ... yourself	selbst ... machen 2A2
yourselves	euch 6C
youth	der Junior, der/die Jugendliche 8B1
youth center	das Jugendzentrum 8A2
youth hostel	die Jugendherberge 3A2
youth pass	der Junior-Paß 8B1
youth team	die Jugendmannschaft 6B2
youth ticket	der Junior-Paß 8B1